樂律

重建內心邊界

從「揭開創傷」開始

由內而外

習慣

Rebuild Mind

▶ 從童年至老年，解析人生各年齡階段可能出現的煩惱
▶ 認識生活中的情感挫折與心理困境，最大化重建自信
▶ 諮商個案結合專業分析，讓讀者更易理解並實際應用

長子包袱、考前症候群、AQ不足、中年危機......
從幼稚到獨立，一連串讓人抓狂的「無解」難題，其實只要更新思考模式

程遠琪 著

想知道自己有哪些問題，卻對晦澀的專有名詞望之卻步？
本書如「閒聊」般帶你擺脫情緒枷鎖，找回自我價值感和幸福！

目錄

目錄

第三章
心理的重建

第四章
情感的重建

第五章
人際的重建

第六章
個性的重建

後記

前言

　　人的一生是十分短暫的，有些人一生下來，就是不幸的；有些人或許還沒生下來就遭遇了不幸；有些人過得順風順水；有些人則是命途多舛。在生活中，似乎人與人之間，看起來沒有多大的連繫，好像大家都在過著自己的生活，但在冥冥之中，又有了千絲萬縷的連繫，這或許就是命運吧。說到命運，我想起了榮格先生說的：「當你的潛意識沒有進入你的意識的時候，那就是你的命運。」然而，掌握命運的鑰匙在哪裡呢？

　　現代人總是伴隨著各式各樣的煩惱，「我總是控制不了自己的情緒」、「我好憂鬱」、「我是不是做得不好」、「我是不是心理有問題」、「我覺得我壓力好大」、「我好累」、「誰可以來幫幫我」、「失戀了，怎麼辦」……到網路上去搜尋，這些問題其實都會找到答案，但是實際上對我們的幫助並不是十分明顯，原因在於，解決問題的方法不在於上網，而在於自己。當遇到挫折的時候，自己內心的重建比任何網頁上的答案更加重要。

　　實際上，大多數人都忽略了一個十分重要的東西，那就是心理健康。當我們的身體出現問題的時候，我們知道怎麼保護自己的生理健康，但是，如果當我們的心理出現問題的時候，有沒有人能夠很好地保護自己的心理健康呢？答案是沒有多少人能成功做到這一點。

　　這本書裡有很多故事，有我自己的故事，也有別人的故事。寫下這本書的初衷，只是想讓讀者們從這些故事中，看看別人的人生是怎樣的，看看其中是否有一些能讓我們產生共鳴的東西，能否給我們帶來一些新的視角，能否給我們帶來積極、正向的啟發？我希望書中有一點點能夠感動讀者的東西，那便足夠了。

第一章
童年的重建

「池塘邊的榕樹上，知了在聲聲叫著夏天，操場邊的鞦韆上，只有那蝴蝶停在上面，黑板上老師的粉筆，還在拚命嘰嘰喳喳寫個不停，等待著下課，等待著放學，等待遊戲的童年……」

羅大佑老師的〈童年〉，總是會讓我們想起充滿快樂的童年，但並不是所有人的童年都是充滿笑聲的。我聽過很多人的故事，我發現的一個共性就是，原生家庭對孩子會產生一些或多或少的影響，這種影響會從童年延續到青春期、成年期、中年期，甚至是一生。

在成長的道路上有些人會表現出各種問題，但究其原因，又各有不同。有一些人發現自己是受到家庭的影響，然後就把所有的責任推卸給父母，認為全都是父母的過錯造成了自己的不幸。我們一定要注意，這種認識是錯誤的。不管是父母的教育方式，還是原生家庭特有的影響，我們都不應該把歸因推給父母。因為我們透過自身和外在刺激是可以改變的。

當「一」變成「二」

　　那是一張黑白照片，上面有兩個男孩，一個穿著綠色的上衣，淺藍色的牛仔褲，腳上穿著一雙當時十分流行的棉鞋，但並不是很開心，甚至有些討厭旁邊的男孩。男孩的眼睛向上挑，臉上表現出一種不屑和怨恨的神態，但他的嘴角是上揚的。看得出他是在掩飾自己的不開心。緊握的拳頭和上揚的嘴角好不和諧，我還沒見過這個年紀的孩子會有這樣複雜的神情，他是第一個讓我覺得怪異的男孩；而另一個男孩身穿一件黑色的棉襖，下面是一條淺藍色的牛仔褲，穿著和第一個男孩一樣的鞋子，只是個子稍矮一點。但是這個男孩的笑容給人一種陽光般溫暖的感覺，而且笑容是來自內心深處的，不是那種偽裝出來的笑容。但值得注意的是，這個男孩的注視點在第一個男孩身上，他緊緊地抱著第一個男孩的手臂，就像呵護自己喜愛的玩具那樣。我相信任誰看了這樣一張照片都會更喜歡這個矮一點的男孩，而另一個小男孩則是讓人越看越討厭的。

　　其實讓人討厭的男孩就是我。在我七八歲的時候，我開始知道我有一個這樣的弟弟，雖然並不知道這代表什麼意

思，但是我感受到了父母對我態度的變化，所以我漸漸地懂了，他就是我的親弟弟，我們流著同樣的血液，有著同樣的基因。之後我才得知，由於當時家裡比較窮，所以父母才會把弟弟送給別人家撫養。但是可笑的是，那時的我並不是一個懂事的孩子。

我就是在這樣一種狀態下，度過了我那短暫的童年。我的童年並不快樂，甚至是充滿了怨恨和父母的責罵。

在我七八歲之前，我一直以為自己是一個獨生子，享受著父母所有的關愛。但是自從所謂的弟弟出現，爸爸媽媽就像變了一個人，我的玩具要和他共用，我的零食要分一半給他，我有滑板，他也一定會有。最重要的是，爸爸媽媽總是偏愛他一點，即使他錯了，也不會受到任何懲罰。我總是在想，他憑什麼可以得到爸爸媽媽的愛，憑什麼他一來，我就要分我的東西給他，於是我就更加討厭他。我很煩惱，為什麼我的爸爸媽媽變了，他們究竟是怎麼了？我很苦惱，也很生氣，所以我總是欺負和攻擊我那個親弟弟。

戀父情結、戀母情結

從精神分析的角度來看，一個家庭是一個穩固的三角形，即父親、母親和孩子。根據佛洛伊德的心理發展階段論，將其分為了五個階段，劃分階段的依據是力比多，也可

以理解為一種自己內心深處的性慾。0 ～ 18 個月的時候,是口腔期,這個時期的孩子透過吃奶來獲得一種快感;18 個月～ 3 歲的時候,屬於肛門期,這個時期的孩子以排泄來獲得快感,也就是當他拉屎的時候,會覺得十分舒服,十分自由,於是這個階段的某些快感可以透過拉屎得到滿足。父母在這個時期會對孩子進行排便訓練,孩子需要學會控制自己的排便。

　　3 ～ 5 歲的時候,進入性器期階段。這個時候,孩子們想要滿足的不僅是吮吸母乳的快感和排泄時從肛門而來的快感,更是一種類似於生殖器的快感。但是這裡所說的孩子的生殖器和成人是不一樣的,所以我們又將其稱為「前生殖器」。這個階段的孩子對於自己的父親或者母親有一種特別的情感,男孩會產生一種「戀母情結」,同時女孩也會產生一種「戀父情結」。

　　當男孩女孩處於這個階段的時候,就會變得十分依戀自己的父母,這種愛具體表現為「占有的愛」、「自己獨享父母的愛」,所以一切會影響自己占有父親和母親的人就是他的「情敵」。一旦有另一個人來分享自己的父母,對於這個孩子來講就是一種威脅,於是他／她就會對這個構成威脅的人產生厭惡,同時也會排斥自己的父母。比如有一個孩子,當他處於這個階段的時候,他會變得十分依戀他的母親,並且

想要「占有」他的母親。但是，他知道還有一個「情敵」，那就是他的父親，因為父親很強大，他知道自己無法戰勝父親，所以漸漸地他就會在心裡面樹立父親的形象，努力朝成為父親那樣的人發展。

5 歲～青春期以前，我們稱為潛伏期，這個時候學生以學業為主，體內的力比多被壓抑；青春期開始，依戀對象不再是父母，而是指向他人。當然精神分析的理論比較主觀，可以將其作為一種參考進行分析，但是不要將它教條化了。的確，精神分析理論可以解釋為什麼一些人長大之後，還是依戀自己的母親，也就是我們所說的「媽寶」。

孩子怎樣才能更好地度過這一時期

首先，父母應該履行好養育責任。每一個時期都有對應的不同的適應性機制，所以父母一定要明確每個時期承擔的主要任務是什麼，比如在口腔期，父母需要及時提供孩子他所需要的營養，及時餵食母乳，並且要適度。如果過度餵養，就可能發展成為施虐型人格，孩子長大之後會表現出喜歡抽菸或者喜歡用語言攻擊別人的行為；如果匱乏，則可能形成一種內向型人格，表現為少言寡語。

在肛門期，父母的主要任務就是讓孩子學會正確排便，做好排便訓練，這也是培養一個孩子的自主控制能力的重要

時期。有些教育程度不高的父母會允許孩子在公共場所大小便，這樣就會形成肛門排泄型人格（anal expulsiveness）。這種類型的人表現為漠視規則，沒有組織性、紀律性，不服從管理。另外一種與之對應的就是肛門滯留型人格（anal reten-tiveness），由於父母過度控制孩子的排便，導致孩子排便的時候容易緊張。這種類型的人就會表現為過度遵守規則，循規蹈矩，不敢打破常規。

所以父母要教會孩子控制自己的排便，這對於孩子今後人格的養成會有重要影響。一種常見的情況，母親帶男孩去女廁所。對於這個問題，可能大多數母親沒有選擇，也沒有辦法，所以她只能這樣做。但是，這樣的行為可能在某一方面對孩子的性別認知產生影響。所以父母一定要重視這個問題。

在性器期階段，要讓孩子順利地克服戀父情結和戀母情結。如果這個階段父母不能和孩子建立邊界感，也就是孩子沒有和父母完成必要的分離，這種對父母的依戀會帶到孩子的成人生活中。即使孩子成年了，也會大事小事都徵求父母的意見，包括孩子的感情生活。其中「媽寶」的形成就可以從這個方面去解釋。因此，控制好每個階段父母該做的事，並且努力做好，十分重要。

其次，要替孩子樹立榜樣。所以父母需要反思自己的問

題，要做到自我覺察。在心理諮商中，能夠自我覺察是諮商師的專業素養。同樣，對於父母來說也是如此，因為父母是孩子的榜樣，父母的行為會影響自己的孩子。根據班度拉的社會學習理論，這叫做「模仿學習」。簡單來講，就是孩子會在潛移默化中模仿、學習到一種行為模式，並帶入自己的生活和學習之中。

再次，父母應該充實自己育兒方面的知識。因為很多時候父母是因為不了解孩子的心理，才會導致種種錯誤的產生，所以父母也要有一定量的知識儲備。

最後，相信你的孩子。父母需要學會和自己的孩子溝通，很多父母都會有這樣的想法，比如「你是小孩子，什麼都不懂」、「大人說話，小孩子別插嘴」等等。其實小孩子是很聰明的，你跟他講他未必不懂。所以，大人們的刻板印象在某些時候會導致一個家庭內部缺少有效溝通，影響孩子的健康成長。

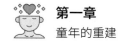
我想讓我的媽媽愛我

　　一個剛進入大學的女生走進心理諮商室，她說出了自己的煩惱：「從小，我似乎沒有感受過我母親的愛。小時候我是跟我外婆、外公生活的，跟父母在一起的時間很少。小時候，我都是一個人睡的，我沒有跟父母睡過覺的印象，即使是打雷的時候，我也是一個人蜷縮在床上。但是別人家的孩子不是這樣的，他們總是有爸爸媽媽來接他們，我只有外公和外婆，其實我很羨慕他們。我在沒有父母的陪伴下生活了十二年，直到我小學六年級的時候，我終於和父母住在一起了，然而我並沒有覺得很開心，也沒有覺得很難過。其他大人都說，我是個小大人，見到我父母的時候，我的臉上也沒有任何的表情，一般來說，小孩子或多或少會生氣，但是我就是十分冷漠。那時的我一度認為，我的母親不是一個好母親，她也並不愛我，因為我的母親是一個只在意自己事情的人。任何人都是第一次當母親，為什麼我的母親就不能像別人一樣呢？我的母親只會抱怨，抱怨她自己一直被禁錮在小山村裡面，守著鋪子、守著房子；我的母親總是會對我唉聲嘆氣；我的母親總是會跟父親爭吵……」

我的媽媽為什麼不愛我呢

我們常問，愛是什麼？答案眾說紛紜。心理學家哈洛做了一個實驗，在實驗中，哈洛用數據和事實告訴我們，愛是一種依戀。他用一群恆河猴做實驗，替小恆河猴們做了兩個媽媽，一個是溫暖的「棉布猴媽媽」，另一個是「鐵絲猴媽媽」，兩個籠子之間有往來通道，猴子可以自由進出。「鐵絲猴媽媽」身上有奶，「棉布猴媽媽」身上沒奶。透過觀察小猴子的行為，研究者發現小猴子更喜歡「棉布猴媽媽」。牠們只在「鐵絲猴媽媽」那邊吃奶，其他時候都會去「棉布猴媽媽」那邊，每天都抱著「棉布猴媽媽」尋求溫暖。心理學家把這種行為叫做「依戀」，同時也是「愛」的起源。這個實驗得出的結論是母親的觸摸對於孩子是十分重要的，愛最早是從觸摸開始的。之後，哈洛進行了後續的追蹤觀察，發現在這種假媽媽撫養環境下長大的猴子，變得孤僻，不願意與其他在正常環境下長大的猴子親近，牠們蹲在角落裡面，不出去和其他猴子玩耍，別的猴子靠近，牠們就會大叫。

這說明，孩子在小時候，母親對於孩子的撫養十分重要，母子的依戀是不可或缺的。如果一個人小時候沒有和母親建立正常的依戀關係，就會導致親子關係疏離。母親不愛自己的孩子的原因，一部分是因為自己的母親對她的影響，她也變成了和母親一樣冷漠的人，大多數家庭教育出現問

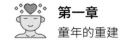
題，其實家長自身的童年也過得不快樂；另一部分原因源於某些客觀因素，比如家庭的經濟條件以及夫妻之間的關係等等。

怎樣才能成為一個愛孩子的父母

首先，改變自己的情緒。情緒是最容易改變的，如果你晚上生氣了，也許早上起床時你的憤怒就沒有了。但是一個人多年的認知是很難改變的，所以我們先要改變自己負面的情緒。

其次，父母要努力改變自己的認知。作為一個母親／父親，當你有了負面情緒的時候，就要去思考，產生這種情緒的原因是什麼？你對某個事件的認知是怎樣的？這樣的認知是否有不合理的地方？可以準備好紙筆，把自己對孩子的所有想法都寫在一張紙上，然後找到其中有哪些想法是不合理的。

再次，用合理的認知替代不合理的認知，並且要為理性的想法找到證據支持。舉個簡單的例子，孩子沒有把某道題做對，於是母親很生氣，母親認為，這麼簡單的題，孩子就應該做對。但這位母親忽略了：第一，這道題是否真的簡單；第二，孩子是不是粗心了；第三，不一定簡單的題孩子就一定能做對。

　　最後，父母要了解自己行為的深層原因，是不是自己小時候的經歷跟自己孩子目前的情況是一樣的？要覺察自己是否沿用了當年母親或者父親對待自己的模式，並把它延續到了自己孩子的身上。

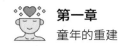
讓考試什麼的都見鬼去吧

　　我總是能看到許多小孩子，他們拉著行李箱，匆匆忙忙地趕往學校。我上學的時候並沒有見過行李箱這樣的新鮮玩意兒，我們都是背著一個雙肩包，高高興興地上學去。但奇怪的是，我從那些拖著行李箱的孩子的臉上並沒有看到這個年紀應該有的高興模樣。

　　某天下班回家，突然天陰沉下來，彷彿要把人吞噬掉的樣子。我心想：「應該是要下雨了，噢！忘記帶傘了。」不巧的是，真的下雨了，臺灣的夏天總是這樣，暴雨說下就下，於是我只能去前面的捷運站等待雨停。當我到達捷運站的時候，看到一個孩子拿著自己的試卷，耷拉著腦袋，蜷縮著身子，他身穿藍色的上衣，上面有一些汙漬，應該是因為下雨摔了跤，下面穿著一條短褲，纖細的小腿像是支撐不了他的身體一樣，看起來他似乎懊惱又無助。於是我慢慢走近他，問他：「我能坐在這裡嗎？」男孩抬起頭看我，淡淡說道：「隨便，只要不是壞人就可以坐這裡。」這個男孩可真是有趣，我心想。沉默了好一陣子，終於我先開了口。

　　我好奇地問道：「你手裡拿的是什麼呢？」

他無精打采地說道：「沒什麼，就是一張不知道怎麼處理的廢紙而已。」

我問道：「能給我看看嗎？」

於是他隨意地遞給了我，這是一張數學考卷，上面寫了一個鮮紅的數字——32，老師的評語是這樣寫的：「明天請家長過來一趟。」

我問道：「所以你不知道怎麼跟爸媽說，是嗎？」

他說：「是的，我爸會打死我的，他一定會說，『我花錢供你讀書，你就給我考個 32 分，你看別人家的孩子都不是你那樣的，就你是這個樣子……』」男孩說著雙手抱頭，然後哭了起來。我能做的僅僅是拍拍他的背，陪他度過了那個下雨的午後。

走之前男孩問了我一個問題：「我真的很差勁嗎？」

我告訴他：「你一點都不差，你是最棒的，你以後一定會成為一個優秀的人，考差一次並不代表什麼，讓考試什麼的都見鬼去吧！」

分數真的能夠代表一個人成就的高低嗎

現在我們經常可以看到那種每週要參加很多補習班的孩子，這類孩子只要沒考到讓父母滿意的成績，他們就會十分自責，認為自己辜負了父母的期望，最後會陷入自我否定之

中，覺得自己考試沒考好，就是一個很差勁的人，覺得自己非常失敗，於是從此喪失了信心。這樣的孩子從小就面臨著巨大的讀書壓力，他們的父母總是要求很高，希望自己的孩子出人頭地，而他們衡量的標準就是分數。從艾瑞克森的人格發展階段論來看，這個時期屬於學齡期，體驗的衝突是勤奮對自卑。在這個時期我們可以發展自己的學習能力，同時這個階段的孩子十分聽父母和老師的話，以他們的話為權威意見，所以這個時期父母的評價對他們十分重要。這一時期發生的事件對孩子以後的自律能力也有非常大的影響。

在多年以前，美國教育事業蓬勃發展的時期，學校會測量學生的智商。然而一個人智商的高低並不能代表一個人智力的高低，這是社會對於智力的普遍誤解，不管是以前還是現在，仍然有一些學校會藉助智力測驗測量學生的智力，然後根據測驗的結果，將學生分配到不同的班級。但問題是僅憑單一的測驗就給一個孩子的聰明程度定性是否客觀？這樣的結論在某種程度上也影響老師對待學生的方式，如果說老師對學生一視同仁，沒有差別，肯定是不可能的。或許此後測驗結果表現不佳的孩子還要受到很多消極的評價，一直被「你怎麼這麼笨」的話所傷害。且不說學校通行的制度如何，但這個衡量標準就一定對嗎？答案是否定的。

在亞洲的考試制度裡面，對學生的衡量標準就是分數，這是從小學開始就一直延續下來的。父母、老師以學生的分數為標準判斷他是不是一個聰明的學生，成績優異的學生總是會受到各種優待，比如你成績好，就可以得到父母和老師的肯定，你一定是這個班級中的正面教材，而那些成績不好的學生則是負面教材，儘管成績差的學生可能籃球打得非常好，但他也得不到老師的正面評價 ——「籃球打得好有什麼用，你有時間花在這上面還不如好好讀書」。於是打籃球的熱情被熄滅，成績仍然沒辦法提升。新聞中偶爾會出現這樣的報導，比如：驚聞某大學鼓勵學生打職業遊戲競賽，學業可以暫時放在一邊。於是網路上就會出現各式各樣的評論，某些家長說這間學校的教學理念有問題，以後不要讓孩子讀這裡等等。是另類學校的教育理念有問題，還是我們的判斷標準出了問題？

其實，人的能力不僅會表現出結構上的差異，還會有發展早晚的差異，也就是說有些人可能記憶力比較好，但是邏輯思維能力差一些；有些人可能推理能力強，但是語言組織能力不行；有些人可能智力早熟；有些人或許大器晚成。如果對於智力或者能力的認知不到位，就容易導致偏見的產生。

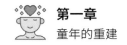
當孩子沒有達到我們要求的時候，該怎麼做

首先，不要用道德綁架自己的孩子。孩子是天賜的禮物，不是用來滿足自己欲望的工具。很多父母之所以會對自己的孩子提出過高要求，一個最常用的藉口就是：「我是為你好。」然而就是這樣一句話，就是這樣的道德綁架，才讓孩子成為父母實現自己未完成心願的工具。

其次，父母要思考，為什麼自己總是以分數為標準去衡量自己的孩子，是不是自己的父母也是這樣衡量自己的。從認知療法的角度看，孩子一次考試考差了，就認為孩子其他方面也很差，這是一種不合理的判斷，是一種以偏概全的錯誤結論。這種不合理的判斷導致我們說出傷害孩子的話，對於孩子來說，內心留下的是一種創傷。因為家長這種不合理的判斷會傳遞給孩子，孩子以後也會帶著這種不合理的判斷生活下去，在一次次的失敗中，就會一蹶不振，最後否定自己，變得越來越沒有自信，越來越自卑。當然，以分數來衡量一個學生的能力與我們的社會文化是分不開的。

最後，不要對自己的孩子要求太嚴格。我的一位朋友是數學老師，她曾經跟我說，「現在的家長不知道是怎麼了，明明自己的孩子數學已經考到 81 這樣的分數了，但是家長還是要求我們做老師的多管管他的孩子，對他多用點心。能考到 81 分不僅僅是因為老師的教育，老師最多只能教到 60 分，

另外的 21 分與孩子自己思考、自己努力是分不開的。儘管如此，這位家長還是堅持自己的想法，覺得自己的孩子還可以考得更好，要求老師要多關心他家的孩子」。

這位家長的做法顯然是不正確的，孩子考到了這樣一個分數，家長的第一反應應當是給孩子鼓勵，而不是告訴他，你還可以考得更好，一點鼓勵都沒有，孩子怎麼會有前進的動力？就像行為主義學派的史金納所說的那樣，我們想要讓孩子的某種行為增加，持續做出我們想要的行為，就應當對他提供一些獎勵或者減少一些懲罰，而不是一點鼓勵都沒有，家長的鼓勵以及關心對於孩子是十分重要的。

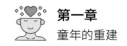
當我變成我媽

「在我的印象中，我的媽媽是一個不太愛笑的人，她總是忙於自己的事業，沒有太多和我相處的時間，雖然我也不知道她究竟在忙些什麼。一直以來都是爸爸在我的身邊陪伴著我，我和爸爸的感情很好。不管是從小學到國中，還是到高中，我總是小心翼翼地跟著媽媽的步伐走，從小我最怕的一件事就是，媽媽生氣、媽媽不高興、媽媽罵我。所以二十多年來，我一直小心翼翼地維護著我和媽媽的關係，媽媽想讓我把英語學好，我就努力學英語，然後拿到全市第一，媽媽對於這樣的我很滿意。其實我也沒有多喜歡英語，但是只要媽媽喜歡就夠了。一直以來我都表現得很好，爸媽對我都很滿意，覺得我是一個非常優秀的人，覺得我優秀到男生可以來追著我，護著我，要把我捧在手心裡。其實我也是這樣認為的，認為只要是我的男朋友，他一定要圍著我轉，他就應該把我捧在手心⋯⋯

大學時期我開始戀愛，但是因為媽媽，我和他分手了，媽媽總是說，『妳大學時期不能談戀愛，大學時期談的戀愛能走到最後嗎？妳只能工作之後再談戀愛』，於是就在媽媽

的阻撓下，我和初戀分手了。這是有史以來，我第一次和媽媽發生爭吵，從小到大，我沒有反抗過她。從此以後，對於戀愛，我開始變得隨便，媽媽替我安排，我就去相親。我已經是一個離過婚的女人，雖然當時我只有 24 歲。這個男人也是媽媽當時滿意的，我和他離婚，媽媽也一度愧疚過，這給她的打擊很大，她認為自己看錯了人，但是結婚也好，離婚也罷，我已經無所謂了。我談了 6 次戀愛，每一次分手都是莫名其妙的，並且只要對方做得讓我不滿意了，我就會跟他分手，從來不管別人的感受。就是因為這樣的性格，我放棄了我曾經很愛的男生。如今我已經 27 歲了，但是我還是沒有找到一個真正適合我的人。每一次分手我都覺得是別人的問題，直到現在我才知道，都是我自己的問題。我變成了和媽媽一樣苛刻的人。」

當我成為我媽的時候，發生了什麼

　　精神分析理論的創始人佛洛伊德曾經講過關於投射的概念，經過心理學界後續的發展，我們可以把投射理解為一種自我保護機制。簡單地說，投射就是把自己的動機、欲望轉移到別人的身上，也就是說，個體根據自己所存在的心理特徵和想法，推測其他人身上也存在這樣的情況。舉個例子來講，比如有社交恐懼症的人，只要身邊一有人議論，他就會

覺得對方是在說他，但實際上別人只是在聊天而已，並沒有討論他，更沒有嘲笑他。我們可以把這個過程稱為投射。

在前面的故事裡面，展現的是一種投射性認同，它和投射存在不一樣的地方，就是存在對他人的行為和情感的操控。心理學家克萊因對投射性認同最開始的解釋是從母嬰關係上展開的，其中存在兩個角色，一個是投射者，另一個是接收者。投射者將自己的想法、情緒投射出去，接收者被迫對於投射者的行為做出反應，接收者甚至不會意識到投射者在影響自己，有時甚至投射者自己也不知道。在這樣的無意識操控下，接收者就會無意識地成為投射者感受和內心表象的儲存室，當他開始被迫接受投射者的想法、感受之後，在特定情境下，就會把投射者儲存在他大腦中的感受和內心表象提取出來，表現出與投射者一樣的行為，並且產生認同感。

就前面的故事來說，為什麼我成了我媽？媽媽其實就是投射者，而「我」就是接收者。在二十幾年的生活中，「我」不斷地接受媽媽處理事情的方式，她和爸爸的相處模式，媽媽對待爸爸的方式就是「我」對待自己所有伴侶的方式；媽媽對待生活，對待人際關係的方式，就是「我」的生活方式。「我」一直沒有發現，原來「我」成了像媽媽一樣的人，「我」明明很討厭這樣的人。所以這也就是為什麼我們

總說自己都活成了自己最討厭的人，而不是成為我們最想成為的人。然而這一切都發生在我們的潛意識中，無法察覺，當這些造成比較嚴重的後果時，我們才會意識到發生了什麼。剛開始的時候，大家或許比較難接受這樣的結果，因為每個人都不願意承認自己是不好的，只有開始面對真實的自己，才是一個好的開始。

我怎樣才能找到出路呢

首先，我們要反思自己的行為。曾子說，「吾日三省吾身」，是有一定道理的，有很多研究都證明，能夠對自己的行為進行反省的人，往往會有更融洽的人際關係和更穩定的戀愛關係。因為他們能及時發現自身存在的不足，還會跟自己信任的人討論，而不是對自身的錯誤放任不管。

其次，我們也可以應用一些心理學的技巧尋找答案。有一個大家可以借鑑的方法：拿一張 A4 紙，準備一枝筆。畫一張家族譜，這張家族譜包含你的整個大家庭的所有成員，你的爸爸、媽媽、叔叔、阿姨、外公、外婆、爺爺、奶奶、姐姐、妹妹、哥哥、弟弟……不管是在國內還是國外，家庭對於人的一生的影響都是十分大的。家族譜源於薩提爾模式的一種治療方法。在繪製家族譜的過程中會使用一些特定的符號，比如：方框代表的是男性，圓圈代表的是女性，打叉

代表的是死亡。還有代表相互關係的符號，比如：粗線是代表長期的衝突關係；普通實線代表的是一種正常的關係；波浪線代表的是一種糾纏不清的關係；虛線代表的是一種迴避的關係。根據這四種關係，我們可以大致看出在這個家族譜中，家族成員之間的關係模式。

同時，對於家族譜上面的每一個成員都要補充一些資訊，例如：姓名、年齡（如果是已經去世的，就寫死亡時的年齡）、性別、宗教信仰，還要寫出你對於家族成員的三個正向形容詞、三個負向形容詞，這個可以展現出你對於這個人的看法和評價。然後要在 A4 紙上填寫關於應對姿態的資訊，應對姿態包括四種，分別是指責、討好、超理智和打岔。應對姿態是每個角色在你所回憶的事件中面對其他家族成員採取的姿態，是害怕父母生氣而努力做出的一些行為，討好自己的父母，就像案例中的當事人一樣，怕媽媽對自己失望，所以拚命學英語；或者是指責，指著別人的鼻子破口大罵；或者十分理智地看待自己家中所發生的事情；或者整個姿態是十分矛盾的，無法進行準確的定義，就像小丑滑稽表演中的打岔。應對姿態對於我們深挖自己的家族關係以及了解自己在其中的地位是十分重要的。透過家庭關係的整理，我們就可以發現自己是否陷入了投射性認同的旋渦。（最好是透過諮商心理師進行解釋，找到答案，但對於認知水準

較高的人來說，也可以自行嘗試。）

　　薩提爾的一個核心理念就是透過四種姿態的雕塑，讓當事人重回當時的情境，然後在當時的情境中，完成當時留下的遺憾和痛苦，得到治癒。其中就包括擺脫投射性認同的無意識影響。在條件不具備的情況下，我們可以將這種姿態在紙上呈現出來，從中看到自己在家族中的姿態是什麼，自己要尋找的答案是什麼。同時還要回答這些問題：

- 爸爸和媽媽的相處模式是怎樣的？
- 我和伴侶之間的相處模式是怎樣的？
- 媽媽或者爸爸跟我有什麼共同點？具體的表現是什麼？
- 造成我的處事方式的原因是什麼？
- 爸爸媽媽對於我的感情、態度是怎樣的？
- 我是怎樣對待自己的伴侶的？

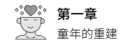
因為我是姐姐

　　一個典型的大家庭，三個兄弟姐妹，大姐下面還有一個弟弟、一個妹妹，年齡差距並不大。但僅僅是因為這一點點的差距，老大總是會承擔起一個姐姐的責任。很多人會認為這並沒有什麼奇怪的，覺得這是天經地義、理所當然的事情，就像父母就應該履行好他們的職責一樣，但是總有一些人深受這種出生順序的影響。也許如今，有很多兄弟姐妹的家庭已經不如以前那樣多了，所以這個現象並不明顯，但仍然存在。

　　曾經有一個十幾歲的女孩，來到我這裡諮商。她看上去很懂事，也很有禮貌，說想跟我聊聊，我讓她坐了下來，盡量離她 1.2 公尺遠，保持一個友好的個人距離。她告訴我，自己離家出走了，我問她為什麼，她說她當不好他們的姐姐，很累。女孩低著頭說：

　　「我們家有五口人，我還有一個弟弟和一個妹妹，我們年齡相差不大，而我就是最大的一個，從小父母就教育我，要我讓著他們，因為我是姐姐。剛開始的時候我覺得很開心，因為有人陪我玩了，我很有責任感，爸媽說得很對，做

姐姐的就要照顧弟弟妹妹，一直以來我也是這樣做的。

但正是因為我是姐姐，我不僅要幫父母做家事，還要照顧弟弟妹妹。我每天要很早起床，因為我要替家人煮早飯，父母工作很忙，為了這個家，我必須要懂事一點。煮了早飯之後，我要去叫弟弟妹妹起床，然後我再去上學，同時我還必須保持很好的成績，因為我要做他們的榜樣，我不能讓他們覺得自己的姐姐很差勁。回家之後要替家人煮晚飯，還要接弟弟妹妹放學，等到忙完這些，我已經沒有太多自己的讀書時間了，我告訴自己這是我必須要做的。

可是我的付出一點回報都沒有，所有人都認為這是我應該做的。有一天，我們一家五口在吃飯，媽媽為每個人都買了禮物，我很開心，因為我一直想要這個禮物。但弟弟很想要我的禮物，因為弟弟總是最受寵的那個，只要他想要的父母都會滿足他，然後媽媽就讓我把禮物給弟弟。我既委屈又難受，不知道是哪裡來的勇氣，就把弟弟推倒了，然後把禮物扔在了地上。在這個時候爸爸就罵我了：『妳是姐姐，妳就不能讓著點弟弟嗎？怎麼這麼不懂事……』從那之後，我就開始十分厭惡姐姐這個稱號，因為我最大，所以必須讓著他們；因為我是家裡的長女，所以我必須要堅強；因為我比他們大，所以我沒有任何選擇的權利。

我甚至開始懷疑我是不是爸媽親生的，也許我走了，他

們會更加開心。於是我就離家出走了。我感覺我得到了解脫，但是好像又十分空虛。」

出生順序是怎樣影響我們的

出生順序影響著人們的教養方式，全世界都是如此，不管在哪裡。大量的研究也證明了這一點，為什麼年齡最小的總是受寵呢？為什麼最大的那個總是被分到最少愛的那一個？為什麼最小的犯錯要由最大的那個來承擔？這似乎是一個不解之謎，深深地影響著我們人格的塑造。

一般來說，第一個出生的孩子，也就是老大，他們總是具備這樣的特徵：聽話、懂事，是家裡面的乖孩子，成績好，不需要父母過分操心；同時他們還十分尊重權威，希望盡自己最大的努力討好自己的父母，不想讓父母失望；追求完美主義，做事就想要做到最好，有著十分高的成就動機；在工作和課業上總是想要樹立一個良好的榜樣。你可以仔細觀察一下，一般來說都是老大的成績最好，不僅對自己嚴格，對別人也很嚴格，甚至達到了苛刻的地步，但也非常有責任心，會主動承擔起自己的責任，他們總是十分獨立。

第二個出生的孩子，也就是老二，如果父母有了第三個孩子，老二的地位就會發生變化，所以他們會因自己在家中地位的變化而產生焦慮，這就導致了他們在今後的生活中會

積極地尋找自己的定位，不能成為父母心中聽話的孩子，因為已經有老大了，也無法成為父母最寵愛的孩子，因為還有一個最小的，所以他們是最缺乏安全感的孩子，並且也會為了顯示在家中的地位，故意做一些事情來吸引父母的注意。因為在家中他們難以找到自己的定位，所以他們會努力向外發展，因此這類孩子往往有著良好的社交技巧和溝通能力。

最後一個出生的孩子，總是得到父母的愛更多一些，他們看起來像是長不大的孩子，依賴比自己年長的人。所以相比於老大和老二來說，顯得更加任性一些，也是和父母反抗的那一個。同時他們難以做出決策，經常尋求父母的幫助，無法承擔起重擔，但他們總是熱情活潑的，喜歡無拘無束的生活，對於藝術更加感興趣。

▌如何降低這樣的影響？

很多時候，我們都為自己存在各種缺點和不足而深感痛苦，但是又覺得無法改變，甚至認為這是生在我們骨子裡的東西。其實這並不是很難改變，我們需要做的就是兩手抓，一方面父母需要做好自己的分內之事，了解每一個孩子的特性，在對待每個孩子的撫養方式上採取不一樣的做法：父母對待老大不應該過於苛刻，適當地給老大可以喘息的空間，也不要帶有刻板印象 —— 因為你是老大，所以你就應該讓著

小一點的，這顯然不是正確的價值觀和人生觀。正確的做法是立足於客觀事實，而不是基於傳統、保守的觀念。父母教育的目的就是讓孩子形成一種正確的價值觀和人生觀，否則在這樣的觀念下成長的孩子會失去自我，不去爭取自己想要的東西，容易放棄。

同時作為家中的長子長女，拋開傳統的儒家思想不說，即便是弟弟妹妹，也應該建立彼此間的邊界感。如果案例中的姐姐真的將這份禮物讓給弟弟，其後果會不會讓弟弟認為，只要是自己想要的，父母都會給他呢？那麼傳統文化中孔融讓梨的故事就無法傳承下去了。即便自己是家中最大的那個孩子，也不要給自己設置太高的標準，不管是在課業上還是生活上，承認自己某一方面不行，別人比自己優秀，也是一件需要勇氣的事情。老大要學會將自己的想法表達出來，告訴身邊的人自己的真實想法，用這種方式來代替透過討好別人獲得愛的做法，是尤其重要的。

老二要積極尋找自己的存在感，要明白自己不是被忽略的那一個，父母也是愛著你的，只是他們偶爾會忙不過來，要學會去理解父母，他們要工作、要養家。你也可以成為姐姐或者哥哥的小幫手，如果他們不給你定位，就要學會自己給自己定位。

最小的你，要改變自己任性的一面，要懂得父母以及哥

哥姐姐們對自己的付出，要懷著一顆感恩的心，因為他們對你的愛不是理所當然的。學會慢慢長大和愛別人，將會是你一生都要修練的功課。

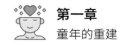
為什麼別人總是誤解我

　　我的媽媽總說我是一個很愛炫耀的孩子，雖然我並不明白，媽媽說的炫耀是什麼意思。每當我家裡來了小朋友的時候，我就特別高興，所以我總是把我很喜歡的玩具給別的小孩子看。但是這個時候媽媽總是會表現出一種十分不高興的模樣，特別是其他家長也在的時候。一般這個時候，我媽總是說我，讓我把玩具拿回去。但是我只是想給小朋友分享我的東西而已，媽媽不是說過，要學會分享嗎？為什麼媽媽還是不高興。

　　長大之後，我就面臨了友誼危機。因為我喜歡跟我的朋友們分享自己去哪裡玩了、買了什麼東西，我希望可以分享給他們，但是總是被人誤解為炫耀。他們還說：「你能不能不要老是炫耀你去哪裡玩了啊？你厲害可以了吧！你去過這麼多地方，我們沒有去過，你就這麼喜歡跟我們炫耀你過得有多好是吧？」

　　我其實很想告訴他們，我不是炫耀，但是他們好像都不太想跟我說話了，我想我應該是被孤立了。直到那個時候，我才知道，小時候為什麼小朋友的家長們都不太希望他們的

孩子和我一起玩，也知道我為什麼一直沒有幾個朋友的原因了，大家都不喜歡和愛炫耀的孩子一起玩。

小孩子的炫耀究竟是什麼

「其實我不是愛炫耀，是沒有度過自我中心階段。」著名的心理學家皮亞傑告訴我們，每個人一生中都有若干個發展階段，每一個階段，智力發展都具有不同的特徵。2～7歲的時候，是前運算階段，在這個時期，我們思維發展的一個重要特點就是「自我中心」。這裡的自我中心不是說我們十分自私，而是指這個時候的兒童還沒有發展出自己和別人的思維是不一樣的，也就是還沒有區分自己和他人的概念，認為自己喜歡的別人也會喜歡，認為別人和自己是一樣的。所以孩子認為自己喜歡的玩具，別人應該也是喜歡的。但是媽媽並不了解孩子這個階段的思維特點，因此就誤認為自己的孩子愛炫耀。一般而言，思維的下一個階段就是發展出「去自我中心化」的特徵，如果這個階段沒有得到順利發展的話，可能這樣自我中心的思維會影響自己以後的生活，因此這樣的人在長大以後容易被人誤解。

同樣，還有很多例子是父母沒有正確了解孩子具有不同的思維特點。有一個真實的故事，一個兩歲的孩子正在家裡開心地玩著自己的小火車，然後家裡來客人了，是附近的鄰

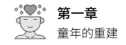

居帶來的和他年齡差不多的孩子，那個孩子看到小火車後也想玩這個玩具，但是這個孩子死活都不肯給，還在家裡面大吵大鬧。於是正在做飯的父母趕緊出來了，看到了這令人尷尬的局面，鄰居不高興地說：「不就是一個玩具嘛，我們又不是買不起玩具，我們家孩子就是想摸一下而已，他都不肯。你們什麼意思啊，對我們有意見嗎？」

聽到鄰居這樣說，孩子的母親是又羞愧又不知道如何是好。為了緩解矛盾，就把這個玩具給鄰居的小孩玩，而自己家的孩子就開始大哭大鬧。要是情節繼續發展，父母會因為孩子不懂事而打他、罵他。於是，親子之間的隔閡就產生了。如果有經歷過類似情況的家長，請你們想一下，為什麼孩子不願意把自己的玩具給別人玩。難道不給別人玩就是自私嗎？兩歲的小孩子，他們知道自私是什麼嗎？我們總是會對孩子產生誤解，就是因為我們不了解他們的心理發展特點，所以我們就會用自己的標準去衡量孩子的行為，其實這是不對的。

實際上，我們在兩歲的時候開始有了物主意識，對於自己的物品占有欲很強。所以孩子會覺得這是他自己的東西，不是別人的，所以就不會給他人，這是正常的現象，這個時候的孩子還不會考慮別人。所以家長如果把孩子的東西給別人，他就會很生氣，在某種程度上可能還會導致攻擊行為。

到了 5 歲的時候，對象就開始由物體轉為人了，孩子開始有了對同伴的攻擊行為，小男生總是會打打鬧鬧，小女生總是會吵吵鬧鬧，這都是很正常的現象，只要不傷害別人，就不是什麼異常的行為。

因此，身為家長，看看《發展心理學》，增加自己的知識儲備也是有必要的。

▌我該怎麼辦

◆ 第一，學會在遊戲中成長

看起來自我中心是一個問題，但是並不是沒有解決的辦法。遊戲療法就是擺脫自我中心的一個有效的方法。3 ～ 6 歲的時候，是幼兒時期，這個時期我們的身體有了一定的發展，對世界充滿了好奇心，也想參與社會實踐。如果仔細觀察就會發現，很多幼兒都想要幫爸爸媽媽做一些事情，所以這個時候不能限制他們這樣的願望，也不要什麼事情都幫他們做好，有些孩子甚至連鞋帶都不會綁。由於孩子自身能力有限，又想要發展自己的技能，最好的辦法就是遊戲。

遊戲療法的理論來源是精神分析理論，他們認為遊戲可以補償現實生活中無法滿足的願望和克服創傷性事件。透過遊戲的方式，兒童可以逃避現實的壓力，發洩在現實生活中產生的不滿，緩解自己的緊張心理，同時發展自我。遊戲是

一種健康的發洩方式。在遊戲中，兒童可以恢復他們的快樂經驗，也可以修復他們的心理創傷。因此，遊戲療法廣泛應用於矯正兒童心理和行為異常的診療中。遊戲療法在團體輔導之中也得到應用，透過設計一些具有象徵性的遊戲，使我們自然地接受心理投射和昇華，緩解自己的焦慮。這就是心理學的神奇之處。

遊戲對於去自我中心有著重要影響，遊戲具有社會性，比如過家家這樣的遊戲，是一種社會生活的初級模擬，雖然不是完全一樣，但它反映了兒童周圍的真實生活。在遊戲的過程中，必然會涉及與其他人的交往，這就表示兒童可以在這個過程中學會更好地理解他人的想法和情感，培養兒童的同情心，使他可以慢慢學會從別人的角度考慮問題，因此可以幫助兒童擺脫自我中心的傾向。如果一個人長大之後還是一個過於以自我為中心的人，可以思考一下小時候自己是不是總是一個人，是不是沒有和鄰居家的孩子一起玩耍過。

◆ 第二，增加群體的溝通

在人與人的交往中，難免會出現很多問題，關鍵在於大家要擁有解決問題的能力，當然這不是鼓勵人們發生爭吵。可以嘗試的一個解決辦法是，作為孩子的家長，要學會耐心地向孩子提問，尤其是第一次做爸爸媽媽的人，要學習很多育兒經驗。要知道孩子們的世界和成人所理解的世界是有很

大不同的，因此我們不能用成人的看法去評價孩子，這是不妥的。

　　當然如果孩子長大了，被別人誤解了，首先可以做的事情就是聯想一下自己小時候，是不是也遭遇過被誤解的經歷。其次，我們需要跟自己所在的群體溝通，我曾經跟最好的兩個朋友吵過架，彼此都不愉快，於是其中一個朋友就提議三人一起去一個比較隱蔽的地方，相互說出看對方不順眼的地方，彼此吐槽，但是吐槽的話僅僅限於那個地方，不能帶到其他地方，最後我們三個就和好了。所以彼此產生誤解，其中一個最重要的原因是彼此不了解，如果一個人足夠了解你，那他就知道你為什麼要這樣做，就不會產生那麼多誤會了。

◆第三，加強同理心訓練

　　什麼叫做「同理心」？這是一個在心理諮商中常用的詞彙，也是一個諮商師必不可少的素養。簡而言之，就是我們能夠站在別人的角度為別人考慮，你能否同樣體會到別人的痛苦？比如一個女孩來向你傾訴，她告訴你，她最近十分煩躁和痛苦，因為她總是和男朋友吵架，然後她哭了，如果你能夠理解她此刻的心情，而不是告訴她：「這沒什麼好哭的，不就是和男朋友吵架了嘛！」那你就具備了作為諮商心理師最基本的條件。所以我們可以站在朋友的角度想一下，

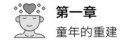

第一章
童年的重建

要是身邊總有一個人，說他去了某個地方，然而你沒去過，相比之下，就覺得自己很差勁。如果你試著去理解朋友的心情，就能夠知道朋友為什麼會覺得你是在炫耀了。

依戀等於愛

依戀最早來源於母親（撫育者一般是母親）和孩子之間，在心理學上的定義是孩子和母親形成的一種社會性聯結，是一個孩子情感社會化的重要象徵。如果你仔細觀察身邊的小孩子，你會發現不同年齡階段的小孩會出現不同程度的微笑，如果有機會，可以拿身邊的孩子做個實驗。一般來說，3 個半月之前的孩子對所有人的微笑都是一樣的，不管是母親還是陌生人，他們的微笑都是相同的，這叫做「社會性微笑」。但是隨著年齡的增長，孩子和母親朝夕相處，漸漸地只想和母親在一起，孩子不再對所有人都報以微笑了，而只對能夠照顧自己的人笑，這就叫「有選擇的社會性微笑」。到了 6 ～ 8 個月的時候，嬰兒就會產生陌生人焦慮和分離焦慮，當產生這種焦慮的時候，和母親的依戀也就應運而生了。

依戀實驗

心理學家安斯沃思設計了一個實驗，叫做「陌生情境實驗」，在這個實驗中，根據嬰兒的不同表現，他劃分了幾種依戀類型，分別是安全型、迴避型和矛盾型。作為一個熱愛

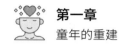

心理學的人，我當然也就不能錯過這樣一個實驗，剛好我們家兄弟姐妹都各自生了孩子，於是我也模仿安斯沃思，做了一個這樣的實驗：孩子和母親進入一個房間，裡面有玩具，可以供他們玩耍，過了一會兒，請一個陌生人進來，和孩子一起玩耍，母親需要趁孩子不注意的時候出去，經過一段時間之後再回來，觀察的指標就是孩子在母親出去後的反應以及母親回來後與母親的互動。

結果正如安斯沃思所說，我的大姪子就是安全型的嬰兒：母親在的時候，他能夠在房間裡面自由地爬動，玩弄玩具，也能夠和陌生人積極互動，因為他認為母親在這個地方就是安全的。但是隨著母親的離開，他發現了，但是沒有哭鬧，不過手上玩玩具的動作停止了，且不斷看著周圍，和陌生人的互動也少了，直到母親回來，他十分迅速地爬向母親，在得到母親安撫之後，又會繼續玩耍。

二姪子是迴避型的。在這個房間裡，二姪子自己玩自己的，母親走了之後仍然玩自己的，母親回來之後還是玩自己的，一心沉浸在自己的世界裡面，偶爾抬個頭看一下，並沒有像大姪子一樣。剛開始我以為二姪子只是不愛笑而已，沒想到他居然是迴避型依戀的嬰兒。

最小的姪子，我總是聽他母親抱怨，說這孩子很不好養，總是折騰她。透過這次實驗我終於知道了，小姪子是反抗型

的。小姪子在母親要離開的時候表現得十分警惕，眼睛瞪大，
玩具也不玩了，看到母親走了，就馬上反抗，大哭大鬧，還扔
玩具，扔得到處都是。但是母親回來的時候，他不是立刻跑到
母親身邊，母親抱他，他還會反抗；不抱他，他又會用可憐巴
巴的眼神看著母親，我想用「傲嬌」來形容他最合適不過了。

　　所以，可以得出這樣一個結論，嬰兒時期的依戀類型會
對嬰兒的心理發展產生重要的影響。之所以要跟大家解釋這
個實驗是因為，早期的依戀風格會影響我們的情緒、人際交
往，甚至是親密關係的建立。現在很多人都缺乏一種十分
重要的東西，叫做「安全感」。為什麼我們總是害怕失去對
方？為什麼我們總是害怕因為自己做錯了什麼事情而失去別
人？為什麼我們需要安全感？安全感究竟是什麼？我們又該
怎樣增加自己的安全感呢？

安全感如何建立

　　從這個實驗就可以看出，最具有安全感的是我的大姪子，
因為早期依戀關係健康，所以在成長的過程中，他會擁有良好
的人際關係，和他在一起的朋友或者是戀人不會感到缺乏安全
感，他也非常有可能發展成安全型的成人依戀風格類型。

　　我的二姪子最有可能發展為迴避型的成人依戀風格類
型，在成人的依戀中和嬰兒的表現會有所不同，成人的迴避

型一般會表現為十分重視自己的私人空間，他們更多地考慮自己的時間而不是伴侶的，他們也很少向他人表露自我，遇到問題不會主動溝通解決，而是選擇迴避。很多時候你可能會覺得他並不愛你，但是實際上只是你們之間的依戀風格類型不同而已，而最早的起源就要追溯到當事人小時候與母親的依戀關係了。

最後就是我的小姪子，是最缺乏安全感的，我們可以很直觀地看到他的表現。當然，他之所以會變成這樣可能和他母親的撫養方式有關，想管的時候就管一下，不想管的時候就不管了。這類嬰兒不改變自己的依戀風格類型，也許會發展為焦慮型的成人依戀風格類型，他們總是感到焦慮，害怕自己會失去一段關係，所以經常會出現一些過激的行為，甚至讓對方不舒服，因為他們無法忍受孤獨。而且他們會天然地被迴避型的人所吸引，所以他們總是痛苦的。

還有兩種成人依戀風格類型較為居中，就是疏離型和痴迷型，感興趣的朋友可以去了解一下這類理論，你就會更加理解你的伴侶，甚至可能會解答你長期以來的疑惑。

所以父母在撫養自己的孩子的時候，要學會積極關心，正確感知孩子的需求，鼓勵孩子積極探索，不能讓工作繁忙成為你不管孩子、扔給長輩的藉口。

性別化與第三性別者

「那件粉紅色的衣服看起來好好看啊，為什麼女生的衣服這麼好看，我們男生的就這麼單調、這麼醜，好想穿這件裙子啊，可惜爸媽不讓我穿女孩子的衣服。爸媽最討厭了，為什麼不能支持我的愛好啊，還總說我是個男子漢，可是我真的一點也不想當男子漢，我喜歡女孩的衣服，喜歡裙子，喜歡髮夾。但是這些我只能看著別人穿，我以後要成為一個設計師，設計出好多好看的衣服，我要是女生就好了。」一個男孩這樣說道。

「為什麼我偏偏是女生，老子應該是一個男人才對，當女生真是太麻煩了。如果我成了男人，我可以隨意地洗頭，還可以赤裸上身，穿衣服十分省事，一點也不麻煩。為什麼我非得是個女生，我想要成為男生。」一個女孩這樣說道。

或許我們不應該叫他們純粹的男生或者是女生，應該叫做「第三性別者」。

性別的社會化

我們知道，性別的社會化是指一個人認同自己的性別以及他所處的社會對於男性和女性的要求的過程。而性別化的

社會化受多方面的影響，自己本身、他人、社會都對我們的性別社會化產生重要的影響。一個人的性別社會化的過程是這樣的，首先經歷了理解性別，也就是說知道自己是男是女。比如我知道我自己是一個男生並且知道以後會成長為像爸爸那樣的男人，而不是像媽媽這樣的女人，我不會因為我戴了女生的髮夾就會變成女生。在我們理解自己性別的基礎上，我們會形成對性別角色的標準，也就是說社會上公認的男性應該是怎樣的，女性應該是怎樣的，從這一方面反映了社會對於不同性別成員的期望是怎樣的。

一般來說，在一個普通家庭中，母親是溫柔、做飯好吃、把家務收拾得很好的那一個，而父親是堅強、嚴厲、獨立、辛苦賺錢養家的那一個。於是，兒童會根據父母的表現形成對自己的性別角色的標準，如果其他家庭的父母和自己的不一樣，他們就會十分疑惑。很多孩子也不能理解為什麼母親很嚴厲，爸爸很慈祥，因為他們對於父母的角色標準不同。

在角色標準形成的基礎上，我們會產生一種性別角色認同。認同指的是一個人接受並且內化某種價值觀和信念的過程。這不代表一種完全統一，而是代表著增加了對一個人的忠誠度和親密感。大多數兒童與自己的父母認同，就像我一樣，我的母親十分勤勞，總是能夠把家裡收拾得很整潔，我長大以後也像我的母親一樣，養成了勤勞和收拾屋子的習

慣，並且我認為作為一個妻子這是應當做的。

在認同的基礎上，我們會產生一種性別角色的偏愛，這種偏愛可以理解成為什麼男孩喜歡玩具車、喜歡機器人，而女孩比較喜歡洋娃娃，因為他們已經對自己的身分認同了，所以就會偏愛與自己性別相符的玩具。而形成這樣一種偏愛與三個因素相關，一個是自己的能力，也就是說一個天生運動細胞比較好的男生，往往會更偏愛戶外活動，而不是在家玩洋娃娃。另一個是與自己對父母的認同有關，如果相比於媽媽，孩子更喜歡爸爸的話，那麼他更有可能成長為像爸爸那樣的人，更加認同男性的角色，也就是說大多數「假小子」受爸爸的影響更大一些。還有一個十分重要的影響因素就是社會環境的影響，如果社會對於男性更加認同，我們就會更偏愛男性角色。社會上還是有很多性別不平等的現象，女性的地位在很大程度上還是低於男性，所以為什麼現在有這麼多「中性」的女生，也是情有可原的。

雙性化的優勢

很多研究都顯示，如果一個男生太大男子主義或者太柔弱的話，都無法很好地適應這個社會。同樣地，女生也是如此，性格過於強勢或者過於敏感和玻璃心，也是人們不太能夠接受的。

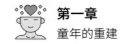
　　大多數研究顯示，雙性化的兒童比一般的兒童更加受歡迎，成人也是如此。因此，從小培養好自己對於性別的正確認知，完成性別社會化是十分重要的，這對於我們以後的成長具有重要的意義。

第二章

成長的重建

　　我們每個人都會成長，我們在成長的道路上，有一首歌是這樣唱的：

　　小小少年，很少煩惱，

　　眼望四周陽光照。

　　小小少年，很少煩惱，

　　但願永遠這樣好。

　　一年一年時間飛跑，

　　小小少年在長高。

　　隨著年齡由小變大，

　　他的煩惱增加了。

　　隨著我們不斷長大，每一個時期我們都有自己的發展任務，完成這些任務我們才可以獲得真正成長，所以我們成為一個獨立的人實際上是十分不易的，並且在這樣的成長過程中還伴隨著很多煩惱。每個人都有自己的煩惱，關鍵在於我們怎麼去看待它，怎麼去解決它。我們只要掌握正確的方法和有著良好的心態，就一定會像鳳凰一樣，在烈火下重生。

我有個不爭氣的兒子

「當媽媽真的是十分不容易。因為我以前沒有好好讀書，所以我希望我的孩子可以好好讀書。為了他能夠上一個好的高中，甚至好的大學，我不惜花了很多錢，還經常送他去各種輔導班，為了讓他比別人超前一點，在他國一的時候我就替他報了國二的課程班，就是希望他可以在會考的時候比別人超前一點，考上一個好高中，最後也能考個好大學。但是我這兒子就是不爭氣，一點進步都沒有，我真的快被氣死了。」一個母親這樣對我說道。

可以望子成龍，但是不能違背規律

這位家長的做法可以說是十分極端的，但是這樣做的家長的確還不少，他們應該都忘了揠苗助長的故事。每一個孩子在每一個階段都有他們自己的思維特點，什麼階段該發展什麼樣的思維，這是人類成長的規律。我們大多數人都只是普通人，只有天才才能夠超前發展，但是也得在遵守規律的前提下才行。

心理學家葛塞爾做了一個實驗：葛塞爾找到了很多對雙

生子，因為雙生子可以保證他們的先天條件是一樣的，這樣就可以控制基因上的差別，簡單來說就是為了保證兩個孩子的起點相同。葛塞爾分別讓他們練習爬樓梯，一個是從 48 週開始爬，一個是從 53 週開始爬，到了 55 週之後，48 週開始練習的孩子和 53 週開始練習的孩子在爬樓梯方面沒有任何區別。

這就證明了成熟是發展的一個重要因素，一旦孩子的大腦成熟到一定程度的時候，我們甚至都不需要刻意教自己的孩子，他自己就會掌握相應的知識，因為他已經具備了成熟的思維能力和理解能力。所以當孩子的思維水準還沒有達到一定程度的時候，請不要逼迫孩子學習他根本無法理解的知識，因為一旦失敗，就會極大地打擊孩子的自尊和自信。同樣，老師們也應該尊重這樣的規律。

在成熟的基礎上利用近側發展區

近側發展區是心理學家維高斯基提出來的概念，他認為大腦存在兩個發展水準，第一個是現有的發展水準，就是一個兒童自己能夠獨立解決問題時所達到的水準。第二個是兒童在指導下，透過努力能夠解決問題達到的水準，這兩個水準之間的差值就是我們所說的近側發展區。近側發展區代表一個孩子的潛力，所以我們要促進近側發展區的開發。但

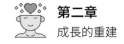
是，開發近側發展區不是要讓兒童學習比自己現有程度高出很多的課程，而是需要根據兒童正常的思維能力提供適當的學習材料，而不是超前的學習材料，否則所做的一切都是無用功。

　　每個孩子都是非常有潛力的，所以不要責怪你的孩子很笨，也不要總是罵他不努力，甚至不要說再考不上一百分就會懲罰他的話。家長作為指導者開發孩子的近側發展區，比批評、懲罰都更為重要。也許父母會認為，學校裡有老師在，所以不用擔心。這固然是一個理由，但是一個班級這麼多學生，老師不可能關照到每一個學生，所以，父母與其將希望寄託在老師身上，還不如將希望寄託在自己身上。如果你想讓自己的孩子成為一個優秀的人，那就不要推卸作為父母的責任。並不是說要替孩子報多少的補習班，因為很多補習班的教學品質並不好，孩子們可以自由發展自己專長的時間反而被占用了。我接觸過很多孩子，他們都不喜歡上補習班。因此，身為一個家長，多花點時間與自己的孩子共處，親自去了解他們的學習狀況，深入觀察自己孩子的學習進度，這樣才是對孩子的學業最好的幫助。

「人格同一性」在哪裡

　　一個即將步入大學的學生跟我傾訴她的煩惱：作為一個剛經歷過學測的學生，我和大多數人有著同樣的煩惱，我不像那些好學生一樣，有自己的目標，知道自己要考上什麼樣的學校，知道自己選什麼科系，我只是一個普通人而已。我要決定自己選什麼科系、去什麼樣的學校讀書我到底是要離父母近一點，還是離父母遠一點？我選了這個科系之後就意味著我要成為那樣的人了嗎？那我究竟是一個什麼樣的人呢？我究竟喜歡什麼呢？

　　這個年齡階段我們需要做很多抉擇，不僅僅是讀大學之前要做，讀大學的時候也要做，讀了大學之後還是要做，所以我們總是在迷茫，總是不知道要怎樣做才好。但是我身邊總是有人想讓我快速做出決定，否則就會認為我無能，認為我怎麼什麼都不知道，增加我的煩惱。一旦心情煩躁的時候，我就會反擊，所以我媽總說我不尊重長輩，我想這就是 18 歲青少年的煩惱吧！上了大學會不會好一些呢？我這樣想。

　　但實際上並不是這樣的，上了大學又會出現新的煩惱。逢年過節的時候，那些三姑六婆就會抓著我們的手，說個不

停,「有沒有對象啊,沒有的話,阿姨幫你介紹一個 ——」
「現在在做什麼工作啊,薪水多少啊?」「隔壁 ×× 一個月
五萬元,你有沒有五萬元啊?」「大城市多累啊,賺得那麼
少你還不如回家來呢!」……這就是很多年輕人許久不回家
的原因,完全不知道如何應對自己家裡的長輩。

建立人格同一性的時期

這並不是一個特殊的現象,因為我們多數人都會經歷類
似的事情,我們把這個階段叫做「人格同一性」的建立時
期。所謂的人格同一性,簡單來講就是關於我們是誰,我們
今後在社會上的角色是怎樣的,我們的職業價值觀是怎樣的
等問題。心理學家艾瑞克森說:「如果我們在自己 12 ～ 18
歲的時候,能夠回答這些問題,說明我們能夠建立良好的同
一性。」

但是時代在發展,根據現在的調查結果,國內外的基本
情況不一樣,國外的相應階段相對於國內來說要更早一些,
這也讓我們覺得國外的青少年比國內的青少年早熟。就臺灣
的國情而言,我們的人格同一性的建立時期是在大學階段,
也就是 18 ～ 22 歲這個時期。學測結束,緊張的求學生活
也隨之結束。我們開始有了充足的時間去思考人格同一性的
問題。

正確利用延緩期

一般來說，我們要到大學的時候才能進入人格同一性的建立階段。而作為一個剛滿 18 歲的少年，雖然有能力承擔社會責任和義務，但是在我們做出決策的時候，往往會出現一個暫停的局面，也就是延緩期，目的是為了緩解我們內心要迅速做出決策帶來的痛苦，避免提前完成同一性。透過這樣的方式，會使我們對自己的認知更加深刻，因為在延緩期間，我們可以利用讀大學的時間，接觸有各式各樣的價值觀、人生觀的人，在多種價值觀的衝擊中，選擇正確的、適合自己的；我們也會在大學期間嘗試很多活動，明確自己的興趣愛好。在每一次的實踐中，不斷循環往復，從而形成自己的三觀以及確定人格同一性。透過延緩期後建立的同一性，是一種更加成熟的同一性。

現在為什麼這麼多人選擇考研究所？針對「考研究所的原因是什麼」的問題，調查顯示：選擇「因為不想工作，所以選擇繼續升學」的人不在少數。也有很多人是工作之後再去考研究所的，這些都證明了我們在建立人格同一性的時候，嘗試選擇延緩履行我們依然要工作的義務。甚至不想讓你考研究所的人會說，「反正你遲早要出社會的，與其考研究所還不如直接工作，想清楚自己是因為什麼而考才是最重要的」。這時候有些人考研究所的決心又會動搖了，甚至有

人會說，「你考研究所就是為了逃避自己要工作的事實，逃避沒有用的」。

其實，別人的想法和看法只是他們的，這並不代表我們自己的選擇，有的人或許會覺得，逃避社會競爭讓自己十分羞愧，甚至認為自己就應該像他們說的那樣直接工作。這是因為我們不了解自己，我們不知道每個人都有這樣的時期，只不過每個人表現的方式不一樣而已。所以，要正確認識自己所處的階段必然會經歷這樣的痛苦，並且要相信，自己經歷了這樣的痛苦之後，換來的或許是更好的選擇。我們身邊總是會有一些「吃不到葡萄說葡萄酸」的人，我們並不需要和他們有過多的爭論，我們需要與明白自己心情和感受的人交流、溝通，既然他們不能理解我們，那我們也沒有必要和他們討論了。

「我究竟是誰呢」

　　當我們漸漸長大，離開了那些奮鬥過的教室、那些屬於我們的桌椅，當我們的生活不再以課業為中心的時候，我們就會開始思考關於自己的問題。當代大學生總是會面臨著這樣一個煩惱，從他們填學測志願的時候起，就開始面臨人生的選擇了，我們會選擇自己想要鑽研的科系，因為這涉及大學四年的校園生活。從這個時候起我們就會開始思考，我們究竟喜歡什麼，我們想要的是什麼？結果顯示，只有少部分人的答案是明確的，大多數人都是遵循父母的想法，以至於我在採訪很多大一新生的時候，大多數人都不是自己選的學校和科系。

　　大學四年是我們認識自己、突破自己的時期，我們或許會被人定義，被人貼標籤，讓我們誤以為自己就是這樣，把自己局限在別人貼的標籤裡面。很多大學生都會來到心理諮商室尋找答案，曾經有一個資優生是這樣告訴我的：「我其實從來沒有認為自己是一個資優生，他們總說我愛看書，總說我死讀書，每次老師一提問，大家總是會讓我站起來回答問題，每次小組作業的時候，總是讓我承擔組長的工作，然後我一個人就要做很多工作，憑什麼他們可以這樣定義我？所以我一旦

考差，一旦不做組長，不回答問題，我就不是我了嗎？我究竟應該是什麼樣的？我自己是一個什麼樣的人？我找不到答案了，我應該做一個別人眼裡面的人嗎？我發現我找不到自己了……」關於「我是誰」的問題，貫穿了我們的一生，這也是一個十分重要的問題，是我們每個人都要認真回答的問題。

為什麼我需要找到我自己

　　關於自我的問題，最早要追溯到佛洛伊德的三結構理論。作為精神分析理論的代表人物，他將「我」分為本我、自我、超我，這三個「我」的部分。簡單地說，本我是一個快樂的我，就像嬰兒想要吃奶，他就可以吃，大人們一定會滿足他。

　　自我就是一個現實的我，他以本我的欲望為動力，還是用吃奶的例子，比如一個 3 歲的小孩，他已經斷奶了，但他還是想要吃奶，這個時候自我就會站出來說，「我知道你現在很想吃奶，但是你現在不能吃奶了，因為媽媽不會讓一個 3 歲的孩子吃奶，這年紀吃奶是不合常理的」，所以他就知道自己不能吃奶了。

　　超我就是道德的我，這個「我」掌握著和父母一致的行為標準，因為是父母教會這個「我」該怎麼做的。舉個簡單的例子，一個 5 歲的孩子很想要別的小朋友手裡的糖果，本

我是真的很想要，但是他心中的超我會告訴他，「媽媽說拿別人的糖果是不對的，媽媽會罵我的，這是不道德的，所以我不能拿別人的東西」。這是最早關於自我的討論，此後，新精神分析的代表人物艾瑞克森對於自我做了新的詮釋。

這裡要講一個概念，就是關於「人格同一性」的形成。這是關於「我是誰」、「我的將來會如何」、「我應該以一種怎樣的姿態面對社會」、「我想成為一個什麼樣的人」等意識形態的問題。如果我們不能回答這樣的問題，就會導致同一性早期封閉、同一性擴散、同一性拖延等問題，同一性早期封閉是指他們會成為一個什麼事情都需要別人來替他們做決定的人，或許是父母，或許是別人，他們失去了自己做決定的能力，或者他們選擇迴避自主決策，失去了自我探索的動力。同一性擴散是指個體既沒有自我探索，也沒有自我投入，這個時候個體還沒有進行有意義的選擇。同一性延緩是指青少年處於一種同一性危機之中，但是這個時候成人沒有給予他們義務或者是責任。他們無法接納自己，也不會被社會接納，他們會忍受孤獨。人格同一性的完成關係到一個人一生的發展。

怎麼才能完成人格同一性的確立

首先，父母應該承擔他們的責任。我們都知道父母承擔著塑造孩子的角色，一個很典型的例子就是，在溺愛環境下

成長起來的孩子都是比較任性的。對於同一性完成的問題，父母不應當對孩子有過多的束縛和管教，不能代替孩子做決定，在面對問題的時候，即使是孩子求助，父母也要幫助他學會自我探索。比如在面對申請大學科系這樣的問題的時候，父母要做的不是直接告訴孩子該選擇什麼，而是應當和孩子一起去考察，了解學校、了解科系，慢慢引導孩子，問他們想要的是什麼，幫他們分析利弊，讓他們自己做出選擇。同時父母要善於發掘孩子的優點，有一些父母連自己孩子的特長都不知道，這是非常可怕的。

這裡有一些教養方式可以提供參考，我們把教養方式分為權威型、民主型和溺愛型，這三種不同的教養方式決定了孩子怎樣去解決人格同一性建立的問題。

權威型的父母對孩子的要求十分高，他們為自己的孩子設定一個標準，要求孩子一定要達到，他們都會事先規劃好孩子的人生道路，孩子們只需要走好父母指的路就行了。所以在這種環境下成長起來的孩子特別容易產生同一性早期封閉的問題，即使他們二十多歲、三十多歲了，還是什麼事情都聽父母的，因為他們自己無法做出決定和選擇。

在民主型環境下成長起來的孩子能夠比較好地完成人格同一性的建立，他們知道自己要做什麼，知道自己是怎樣的一個人，能夠正確地認識自己。

在溺愛型環境下成長起來的孩子，家庭給了他們想要的一切，當他們面對殘酷的現實時，他們會遭受巨大的打擊。溺愛教養方式培養的孩子自律能力特別差，因為父母對他們沒有什麼要求，還十分關心他們的生活起居，包辦一切。所以在這種環境下成長起來的孩子十分依賴父母，天塌下來有爸媽撐著，根本不會進行自我探索，並且他們不能在每一次的打擊中逐漸成長，他們的人格同一性就會出現很多問題。

其次，尋求自己的社會支持系統。社會支持系統就是指我們身邊可以動用的社會支持力量，比如值得信任的朋友、老師、同學等，他們都是我們可以尋求幫助的社會支持力量。當我們感到迷茫、不知所措的時候，可以試著聯絡他們，尋找力量支撐。

最後，還是要靠自己。有一句話是這樣說的，別人實際上幫不了你什麼，很多時候我們都得靠自己邁出最關鍵的一步。首先要做的就是不能封閉自己，不能逃避自己不想面對的問題。一旦把自己封閉起來，不僅別人幫不了你，自己也無法邁過這道坎。其次，從一些小事中獲得感悟和啟發。我有一次去買菜，看到了一個賣菜的大哥，他一邊做生意一邊跟我聊天，他說這個年紀沒有公司會要他，所以他就出來賣菜。畢竟命運掌握在自己手裡，這邊好幾個攤位都是他自己爭取來的，菜市場的競爭還是很激烈的，在結帳的時候，我

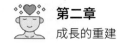
看到了他的右手只有四根手指。當時我正在為一些事情而煩惱，但是聽了賣菜大哥的故事之後，思考一下，煩惱隨之消散了。也許你會覺得別人過得尤其順利，而自己的生活卻十分坎坷，其實不用羨慕那些生活看起來十分順利的人，因為每個人都有自己的故事和艱辛。關鍵在於我們要知道自己想要的是什麼。

親密的人、親密的愛人

一個女孩對我說：

「我已經 24 歲了，別人總是問我談過戀愛嗎？但是我從來沒有談過戀愛，我總是回答不出來這樣的問題。每次我走在路上的時候，特別是有情侶活動的時候，別人都會問我一個問題，小姐，妳有沒有男朋友啊，要不要參與我們這週的情侶活動呢？我都會低著頭走開並且搖搖頭，告訴他們我沒有男朋友，然後很失落地走開。其實我很難過，因為我從來沒有談過戀愛，所以我不知道戀愛是什麼感覺，但是我很嚮往。

從小我和鄰居家的小孩子們玩新娘遊戲，我一次新娘都沒有當過，好像從小時候開始自己就沒有被當作真正的女生對待過，每次看到別的情侶在一起拍情侶照時，其實我都很羨慕，但是我永遠都是幫忙拍照的那一個。甚至當我寫公司文案的時候，需要交一個關於 24 歲女性的戀愛觀的文案，我都想不出來，還需要去求助別人。我也很想有一個男朋友，也很想他可以和我一起過耶誕節，一起站在情侶拍照的地方拍照。

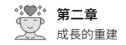

　　我的閨密身邊的男朋友換了一個又一個，可是我一個都沒有，是我自己不夠漂亮嗎？為何都沒有男人喜歡我呢？現實總是十分殘酷的，明明一些人條件比我還差，為什麼她們有男朋友、有老公，而就我沒有。最令人煩惱的就是，我媽總是讓我去相親，但是我一點也不想透過相親的方式找到自己的另一半，什麼時候我的另一半才可以到我身邊來呢？」

成年早期：親密對孤獨

　　艾瑞克森將 20 ～ 39 歲的階段叫做成年早期。在這個時期，只有當我們具備了愛別人的能力的時候，當我們可以和另一個人相互信任、相互鼓勵、相互支持的時候，當我們準備好和另一個人生兒育女的時候，才代表我們可以真正進入社會。

　　我們需要在人格同一性發展的基礎上，發展兩個人彼此之間的同一性共用，你能和別人同一性共用是婚姻能夠美滿的重要前提。但是做到同一性共用並不是一件十分容易的事情，這代表你們有共同的目標並且願意為此而共同努力，不是一旦遇到困難的事情，就選擇推開另一方、分手或者是爭吵。但是尋找自己的另一半包含一些比較偶然的因素，所以我們在身邊沒有人可以依靠的時候，總是會感到孤獨，因為我們害怕自己以後老了仍然孤身一人，所以這也是我們在成年早期的發展任務。

▎怎樣才能找到自己真正的伴侶

首先，不要帶著盲目和衝動選擇脫離單身。我曾經有一個朋友，她總是找不到好的男人，她看男人的眼光可以說是非常差，沒有一段感情有一個好結果，每一次都帶給她巨大的傷害，每次都被男人甩，然後就借酒澆愁，喝完酒之後由於過度悲傷還會傷害自己，這也許是很多女孩表達自己痛苦的方式。她總跟我說：「我想試一下戀愛是什麼感覺，別人都有男女朋友，就我沒有，多孤獨啊！」

她第一個暗戀的對象是一個會拉小提琴的男生，她跟這個男生表白了，但是男生沒有看上她，理由是她不是他喜歡的類型。第一次告白失敗，她藉助酒精麻痺自己。過了不久她在 IG 限動發表自己難受的狀態，然後一個男生來安慰她，她就對這個男生產生了感情，實際上她並不是真的喜歡他，只是因為移情而已。就是這樣一個空窗期，他們兩個戀愛了。但好景不長，幾天後，她開始厭煩這個男生，理由是她還是覺得對方不是她喜歡的類型，她開始反思自己的問題了。於是他們就分手了。

但不久後，她又有了新的「狩獵對象」，並且成功追到了對方，在他們半年的相處中，她看起來不像以前那麼不開心了，好像也沒那麼孤獨了，但是在這段感情裡面，她彷彿沒有得到過男生真正的愛，對方經常約會遲到，打遊戲忘記

女朋友在等他,最後還腳踏兩條船。所以,他們最後還是分手了。但這一次她明白了自己沒有愛的能力。

　　愛情固然是一個讓人十分嚮往的東西,因為愛情可以讓我們避免回答「我是誰」的問題。有時候,我們在愛情中可以忘記那個慘痛的過去、不願回憶的過去。如果我們出去約會,我們就會顯得沒有那麼孤獨。但是我們往往會因為這樣的愛情忽略自己真正的需求是什麼,因為我們沒有空窗期來思考我們的需求是什麼。所以,不要因為想要嘗試愛情就匆忙選擇一個人,結束自己的單身生活,而是應該選擇當你不再想要證明什麼的時候,能夠真正了解自己的需求的時候,當你能夠活在當下、順其自然的時候,那才是真正的愛情。

　　其次,給自己留一點時間思考。思考自己是什麼樣的人,自己要找一個什麼樣的伴侶來度過一生,這個問題很重要,可以讓我們明白現在離自己想要找的理想對象還差多遠,不要忘了,現在的戀愛關係中,匹配是非常重要的。沒有那麼多灰姑娘和王子的故事,而且灰姑娘本來就不是平民,只不過是被繼母和姐姐虐待,所以才變成了灰姑娘。如果想要遇到優秀的人,就得先讓自己變得優秀才行。

走過危機四伏的中年

「我是一家之主，我應當成為孩子的榜樣，應該承擔起一個男人的責任；我需要養活一大家子，不能沒有工作。但是生活總是不容易的，人生都是會有意外的，特別是當別人不認可你的工作的時候，特別是當你的勞動成果被否決了的時候。作為一個編劇，我寫了一個劇本，這個劇本是我二十多年的心血，這個劇本與我的其他作品不同，直到現在我也沒有給誰看過這個作品。因為寫出這樣的作品我感到十分自豪和驕傲，所以當我一個大學同學找到我說要把我的作品發表的時候，我覺得這個機會來了，所以我便答應了他。

但是總是事與願違，原本我引以為傲的作品在別人眼裡其實分文不值，為了符合他們的要求，他們把我的劇本擅自做了改動，這使我本來想傳達的作品意義也被篡改了。當我要求不能改動的時候，公司只會告訴你：要麼改，要麼淘汰。為了我的良心，我選擇了後者，我二十多年的心血，就這樣被別人否定了，我不甘心。但是我不知道這樣的心情該跟誰說，不能給孩子說，我是他們的榜樣，說了就沒有辦法當好榜樣了；不能告訴妻子，她上班壓力也很大，我不能給

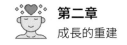
她壓力；朋友也不能說，一大把年紀，說出去不都笑死人了。思前想後，我發現自己身邊連一個可以依靠的人都沒有，就更加失落了。」

什麼是中年危機

張愛玲這樣說道：「人到中年的男人，時常會覺得孤獨，因為他一睜開眼睛，周圍都是要依靠他的人，卻沒有他可以依靠的人。其實不僅男人如此，女人更甚。」

一旦到了中年，我們不僅要完善我們自己，發展自己的事業，確保自己能夠完成曾經設定的目標，我們還承擔著教育子女、贍養父母、經營夫妻關係、維繫人際關係的責任，這一切看起來都十分具有挑戰性。因此，這一時期的任務是艱巨的，當然也可能形成危機。危機期指的是個體經歷身心疲憊、主觀感受痛苦的階段。我們一般所說的中年危機是 40 歲左右這個階段會出現的危機。

在我的諮商室中，20 歲的青年總是不會擔心以後會發生什麼，他們總是告訴我：「我一點也不擔心未來會怎樣，死亡、結婚只是以後會發生的事情。」有位來訪者對我說：「我知道他不好，我也知道他是個渣男，他不會是我以後結婚的對象，我現在只是在消磨時間。」好像 20 歲的青年，除了時間，一無所有。於是，等到他們 30 歲的時候，他們會說，

「以前談戀愛很簡單，現在怎麼這麼難」、「為什麼到了 30 歲的時候我還是一無所有」、「我現在的履歷還不如我大學時候的履歷」、「我 30 歲了，一點能拿出來的東西都沒有」。他們甚至還會發出感嘆：「我那時候究竟在幹什麼！我究竟是怎麼想的！」人一旦到了某個年紀，就會瞻前顧後，不僅要知道自己過去做了什麼，而且還需要清晰地知道自己人生後半段要有什麼樣的目標以及如何去做。他們曾經認為 30 歲是新的 20 歲的開始，但是看起來事實並不是如此。

經過大量的研究發現，那些經歷了所謂危機期的個體在整個成年期都感受到了危機，並且可能存在某種神經質的傾向，一般來說健康的個體是不會陷入危機的。因此，這也從側面反映了，20 歲的發展影響著 30 歲的發展，30 歲的發展影響著 40 歲的發展。所以，把握好我們的 20 歲是十分重要的。

如何度過自己的危機期

◆ 第一，過好你的 20 歲

大腦發育在 20 歲的時候結束，達到第二次也是最後一次的巔峰，20 歲時的性格改變要遠遠大於其他時期。我們的總體智力在 18 ～ 25 歲的時候達到巔峰。成年期也是智力發展的穩定時期，25 ～ 40 歲我們通常會出現富有創造性的活動。所以，20 歲是成年人發展的最佳時期，有多少人自我的改變

是在 20 歲的時候。而自我頓悟的時刻一般都發生在 30 歲左右，所以 20 歲的你怎樣發展，也決定著你的頓悟程度。因此，把握好我們的 20 歲十分重要。

◆ 第二，回歸你的家庭

這裡所說的回歸家庭不是指回到家中，然後一蹶不振，而是我們要時刻記住，我們並不是隻身一人。家裡還有我們的父母、兄弟姐妹、妻子、孩子，他們都是我們的社會支持，不要拒絕他們，也不要覺得這是一件丟臉的事情。儘管在工作上不順心，但是作為一家之主，你依然是家裡的棟梁。每一個爸爸都不是完美的，很多人都是第一次當爸爸，所以，包容自己的不完美，誰都會遇到挫折，只要不被挫折打倒，你依然是他們的榜樣。

◆ 第三，設定自己未來的目標

現在設定未來目標並不算晚，所有需要面對的挑戰都要一個個地完成，有條不紊。告訴自己，這個世界上不是只有你的生活是這樣的，還有很多人有著和你一樣的煩惱，我們只是和大多數人過著同樣的生活而已。

◆ 第四，用心經營自己的人際網絡

你是否有過這樣的時刻，也許已經 28 歲了，也許 30 歲了，某天你生病了，拿著手機，想要撥打一通電話，找人來照顧你，但是卻找不到一個合適的人，於是只能自己起身去

買藥、自己去看病，什麼都只能自己去完成。也許你會安慰自己說，沒關係，我是一個十分獨立的人，我一個人就能處理好。但是你知道自己的內心是希望有一個人在身邊照顧自己的，可是打開手機，翻看通訊錄卻找不到一個可以趕到自己身邊，照顧自己的緊急聯絡人，於是你只能自己照顧自己。我們應當做的是找到用心經營自己的人際網絡，透過改善人際關係開啟新的生活。不久之後，你就會發現自己的緊急聯絡人在慢慢變多。

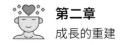
「我討厭新環境」

　　或許每個人都有一個討厭新環境的時候吧。我記得那個時候，父母要送我去幼稚園，根據爸媽的回憶，那個時候的我死活都不肯去，一直哭一直哭，就抓著媽媽的手，一直坐在地上，耍小脾氣，哭得撕心裂肺，眼淚鼻涕一起流，媽媽差點就沒忍住，不讓我去上學了。但是我還是去上幼稚園了，媽媽說我一個星期都沒跟她說話。心理學上有一個概念，叫做「兒童期記憶喪失」。一般來說，我們很難記得3～5歲時候發生的事情。如果不是父母提起，我也不會記得這段經歷。

　　我們的一生會經歷幼稚園、國小、國中、高中、大學、工作……每個階段都會面臨不同的新環境。每當我們進入一個新環境的時候，都是存在很多未知數的，我們也許會遇到一些跟我們完全不同的人，特別是對第一次感受集體宿舍生活的人來說，大家的生活習慣彼此不同，就會出現很多矛盾，也不是每一個人都可以適應。

　　適應不良是很多一年級新生都會出現的情況，「和室友相處不好，每個人我都不認識，沒人和我說話，學校吃得

也不好，老師講得太快，跟不上老師教學的進度，讀書很吃力……」這些都成了新生的煩惱，他們甚至開始懷疑自己、排斥自己、否定自己。也有很多新生因為適應不良，紛紛休學、退學，這樣的情況時有發生。大多數人可以從幼稚園的大哭大鬧，慢慢成長，到了大學、工作單位完全適應環境，但是也有一些人總是沒有辦法適應變化的環境。

為什麼我們總是在新環境中受挫

對適應不良現象的解釋，我們可以從控制理論的角度進行分析，尤其是在適應環境的時候，我們可以從控制理論中得到一些啟發。人類總是想努力做好一些事情，這樣可以幫助我們在這個世界上留下自己生存的痕跡，所以我們會對環境進行控制，這種控制貫穿我們的一生，在我們一生的各個階段都有所展現。

關於控制理論，有兩種類型的控制：初級控制和次級控制。初級控制是人想要控制環境，這種欲望是與生俱來的，是人的根本願望，在我們還是一個嬰兒的時候，我們就渴望透過控制環境使自己的需求得到滿足。次級控制是指改變自己以適應環境的企圖，因為無法改變環境，所以就要改變自己。這兩種控制相互交織，根據面臨的困境和挑戰，兩種控制方式相互調整。

在可以選擇的時候，我們會首先進行初級控制，因為當我們覺得可以控制環境的時候，我們就會獲得極大的滿足，並且伴隨著強大的成就感。當我們可以控制環境的時候，就會產生「我是一個很棒的人，我是一個很優秀的人」這樣一種自我認知，認為這樣可以實現自己的自我發展。

但是大多數時候會出現這樣一種情況，就是當我們去控制一個環境或者是控制一個人的時候，會採取一些錯誤的做法。以工作的例子來說，工作狂就是一個控制不良的例子，也許在短期內，工作效率可以得到大幅提高，人們能夠達到目標，但是這樣做不利於長期的控制，人們或許因為過度勞累而住院。還有一種情況就是我們常說的迷信活動，這樣的活動既不能達到目標，還試圖用一種錯誤的方式去改變環境，改變他人，並且削弱了自己長期控制的能力。

使用這樣的錯誤方式還會導致習得性無助行為的產生。習得性無助，簡單來講就是當你失敗的次數太多時，你就不會去努力了，即使下一次可以成功，也仍然會選擇放棄。習得性無助的產生總是伴隨著憂鬱情緒，所以當我們產生了習得性無助心理的時候，就應該警惕起來了。

當無法控制的時候，我應該怎麼辦

簡單來說，就是當初級控制失敗的時候，我們就會進行次級控制。次級控制主要是指向自己的，當我們對外界的控

制總是不能成功的時候，就要對自己的目標、行為、預期進行調整，對事件進行認知重構，這個時候我們會改變自己對事情的看法。那麼也許有人會問，怎樣才能改變看法？

在回答這個問題之前，我們先講一個心理學原理，叫做認知失調。認知失調是一個人做了某種與自己態度不一致的行為而引發的不舒服感覺，聽起來有些抽象，舉個例子，比如你是一個想戒菸的人，決定自己要戒菸了，這個時候你的朋友遞來一支菸，你抽了這支菸，你的態度和行為就是不一致的，產生了矛盾，這個時候就引起了認知失調。為了緩解這樣不舒服的感覺，你或許會說，我其實是喜歡抽菸的，我從來沒有想過我會戒菸，當你改變自己的態度的時候，不舒服的感覺就會緩解。所以，改變自己的看法可以從以下幾個方面入手：

◆ 第一，改變態度

比如當我們控制不了環境的時候，我們就去適應環境，這就是態度的改變。

◆ 第二，產生一個真實的預期，而不是過高的

比如告訴自己：別人和我差不多都是這樣的，不要給自己設定過高的預期。如果你既沒有改變環境，也沒有成功改變自己，那就可以告訴自己，其實我也沒有想過會有多大的變化，短期內是看不到效果的，這件事情還需要慢慢來才

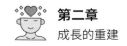

行，產生一個這件事情短期內不可能成功的真實預期。就像我們經歷一次考試，如果我們覺得自己複習得不好，那就有極大的可能無法透過考試，要提前做好心理準備。

◆ 第三，放棄自己達不到的目標

自己對於自己要有客觀的認知，如果是真的很難達到的目標，就要學會放棄。前提是這個目標的難度確實很大，已經超出了自己的能力範圍。

◆ 第四，要學會正確歸因

比如在產生習得性無助的時候，這種無助感很大一部分是因為我們沒有學會正確歸因，把失敗歸於自己的能力不足，就會導致這樣的結果。很多學生覺得自己成績不好是因為自己很笨，因為自己能力不夠，而能力就是自己的內部因素，所以很容易產生習得性無助。如果我們把成績差的原因歸為考前複習不充分，試題難度大，情況就會好很多。

◆ 第五，要學會對行為－結果評價的積極偏差，對結果進行積極的回饋

有時候在我們看來這是一件壞事，但是實際上在某種程度上也可能是件好事，然後透過壞事變好事，我們就可以改變認知失調的狀態。

以上這五種方法都可以幫助我們進行積極的認知調整。

「為什麼我總是很笨」

一個來訪者講述了她悲慘的經歷：

「我從小就不是一個聰明的孩子。我們家是一個大家庭，我的成績總是家裡最差的，父母總是拿這個問題來說我，我媽經常說，『妳看別人家的孩子，成績多優秀，妳看妳自己這個德行』。從小我媽就想讓我努力讀書，鄉下的孩子就是這樣，總是在父母的期望下做著自己不願做的事。

國民義務教育讓我還有書可以讀，我就從村裡的國小來到了鎮上的國中，我媽當時是靠關係，讓我進了一個比較好的班。但是我的成績不用說，一定是墊底的，果不其然，我還真是個吊車尾的。我記得第一次段考的時候，我們班的數學平均成績是 90 分，而我只有 70 分，我們數學老師把我叫到辦公室，他跟我說，『妳的成績拖到我們班級平均了』，然後就把卷子扔到了地下，讓我自己去撿起來。當時發現自己也是滿堅強的，居然都沒有哭，直到後來數學老師把我父母叫到學校，讓我父母看我的成績，我才意識到，原來『笨』是一個這樣不堪的詞，是一個這麼招人厭惡的詞。

我看到媽媽失望的表情，就下了一個決心，我一定要證

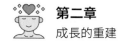

明自己一點也不笨。後面兩個月我都在很認真地學習數學，每天熬夜讀書，但我還是再一次考差了，雖說比上一次好一點。老師還是把我叫去了辦公室，他說我不適合讀高中，讓我以後去讀高職。我又想起之前我媽也說我考不上好的高中，讓我去讀高職，但我還是在姐姐的鼓勵下考上了。高中的時候老師和我媽都說我考不上好的大學，但是最後我還是考上了中段大學，雖然是私立的。現在我私立大學畢業，想要考國立大學的研究所，我媽說我考不上的，讓我回老家工作。我幾乎從來沒有被認可過，即便是自己的母親。我想起我這悲慘的命運，就不免頭痛。」

▌難道笨的人永遠都不會被別人認可嗎

這個世界總是充滿惡意的，一個公司不會要不夠努力的人，但是更不會要一個笨的人，彷彿他們愚笨的基因就決定了他們的一切。這些社會偏見形成了這樣一種社會氛圍，導致人們對於笨的人充滿了偏見，愚笨絕對是一個貶義詞，不管在任何時候都是。社會上充滿了各式各樣的偏見，不管是性別偏見，還是職業偏見、地域偏見等等，這些偏見影響著人們做出自己的判斷和選擇。

偏見在心理學上的定義是人們以不正確或者不充分的資訊為根據而形成的對其他人或群體片面的，甚至錯誤的看法。

這裡要談到的一個概念叫做態度，它存在三種成分，分別是認知、情感和行為。認知，具體來講是一種刻板印象，舉個簡單的例子，存在這樣一種對女人的刻板印象，認為女人事業心不應該這麼強，或者是覺得男人就應該承擔起家中的一切。刻板印象有好的也有壞的。情感指的就是偏見，可以從字面上理解，偏見是一個貶義詞，並且不合常理。行為對應的是歧視，比如種族歧視、性別歧視，這些都是負面的，因為有這些歧視，人們往往會用不公正的方式對待別人。

這裡我們主要談的是偏見。正是因為有這樣的偏見，所以即使我們再怎麼努力，依然得不到別人的認可，因為偏見本身就是不合邏輯的。這些偏見可能會導致一個人的自我效能感下降，進而對自己失去信心，特別是對於那些以別人的評價為中心的人，用專業術語來講就是場獨立的人比場依存的人更不容易受別人的影響。

現在的社會是一個網路十分發達的社會，那些經常出現在公眾視野中的人會受到一些惡意的評論，網友們最喜愛的事情就是當一個新人出現的時候，給他或者她貼標籤，而這種行為也是帶著偏見的。只看到別人的一面就給對方下定義，並且認為對方只有這個特點，從而給別人貼上某種標籤，導致對方可能會覺得自己好像真的是有局限的，沒有什麼其他特點了，也找不到自己其他閃光點了，於是越來越不自信，甚至有些人會

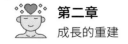
認為自己就像一攤爛泥。我們把這種現象叫做自證預言，也就是說偏見持有者對對方的期望會使對方產生同樣的自我認知，按照自己的認知去表現自己的行為。

　　社會上的惡意從來沒有停止，就像很多剛畢業的應屆生或者是目前待業在家的人一樣，沒有工作就代表你無能，就代表你不上進，就代表你這個人是懶惰的。但是別人或許只是在等待某個時機，或許只是想要暫時躲一躲而已。

　　如果你恰好是一個剛畢業的大學生，而且還沒有工作的話，那麼你就會聽到各種督促你去找工作的聲音，不找工作就有怎樣後果的聲音……還有一種常見的現象是，女生到了一定的年齡就應該結婚了，如果妳恰好是一個 28 歲或者是 29 歲的女青年，妳會經常聽到這樣的聲音，「妳看妳都 28 歲了，怎麼還不結婚」，「妳看妳都這麼大了，怎麼連男朋友都沒有」，「別人的小孩都上幼稚園了……」這些聲音會一直充斥在妳的生活中，使妳煩躁。

怎樣才能消除偏見

◆ 第一，社會化

　　兒童、青少年的偏見主要是透過社會化形成的，那什麼是社會化呢？我們可以簡單地解釋為，一個人成為可以在社會上生存下去的人，一個擁有正確三觀的人，一個能夠被社

會認可的人。在社會化的過程中，我們會受到各種影響，比如來自我們的父母、朋友、老師的影響，或者是外界的其他一些影響，比如網路。所以我們要在一個人完成社會化的時候去控制這一過程的影響，讓他不走偏，這樣就會減少偏見的發生。從這個現象中也可以發現，這個社會就像一架同化大機器，大家都變得趨同了。

◆ 第二，受教育

科學研究顯示，有時候人們的偏見更多來源於自己的無知和狹隘，很常見的一個現象就是，如果父母教育程度不太高的話，跟孩子的代溝要比高學歷的父母大，他們會有更多的不理解以及對孩子行為的偏見，因此更容易發生矛盾。所以，要理解我們的父母產生這樣偏見的原因，如果父母沒有受過太多教育，而我們受過教育，就要學會包容他們，不能跟他們計較。反過來我們還要幫助自己的父母，告訴他們這是偏見，其實我們並不笨。

◆ 第三，直接接觸

調查顯示，一些偏見來自自己對人或者事物的不了解，因為不了解，所以有偏見，而直接接觸就可以加深對這個人或者這類人、這種事物的了解。當然這樣的直接接觸也是有條件的，要建立在地位平等，關係親密，形成一個有合作的群體基礎上，這樣的直接接觸才能夠減少偏見。如果僅僅憑

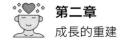
自己的主觀感受去評定一個人，總是會出現偏差的，因為我
們不了解他的過去，看到的很多現象都是表象，就像案例裡
面的老師和母親，沒有看到孩子在很努力地為了證明自己而
讀書，這樣的學習態度就是他的優點，而一次失敗也不能證
明什麼。

人總是盲目樂觀

一個大學畢業生這樣講述自己的經歷：

「在我大三下學期的時候，許多同學都在問我考研究所嗎？其實對於這個問題，我無法回答，因為我自己也不知道讀研究所對於我來說意味著什麼。大家的升學動機都不一樣，但在這種種動機中，我發現自己一個都找不出來，以至於我的朋友每次問我的時候，我都十分抗拒。但經過一番掙扎之後，我還是決定了繼續升學。我現在還記得當時的雄心壯志，既然要考，就要考一所好的學校，像什麼臺成清交這樣的。

12 月的時候，我果斷報名了清大。我複習的時候一直有這樣的心理，覺得自己是本科系的，成績也還不錯，沒必要複習一年，甚至還一度鄙夷那些複習一年的人，覺得自己可以穩上。經過幾個月的奮戰，成績下來了，慘敗。我不僅被殘酷的現實打了臉，而且還要接受親戚問考上了沒有啊？這一次感覺怎麼樣，你報名哪間啊？話都說出去了，成績出來，大家就會跑來問，這種感覺是真的不太好受。所以那段時間，我一度低迷，既不想找工作，又不想回家，整個人就是一攤爛泥，已經扶不上牆了……」

是什麼導致所有的期望，所有的自信滿滿，變成如今這個樣子

在社會心理學裡面，有一個名詞叫做盲目樂觀，具體來講就是人們對自己的認知有時候會出現過度樂觀的傾向。心理學家認為，一部分原因是，他們對別人的命運相對悲觀。舉個簡單的例子，一些人會認為自己是獨特的，認為自己隨便考都能考上一所好學校，認為自己畢業之後，就會比別人更容易找到一份好工作，領取更高的薪水。而那些悲慘的事情總是會發生在別人身上，就像我們在新聞上看到的那些不幸的事一樣，作為旁觀者的我們彷彿覺得這些事情不會在自己身邊發生。

盲目樂觀是一個在我們社會中比較常見的現象，它就如同傲慢一樣，表現的是人的自負，無法看清楚客觀的形勢，按照自己主觀的想像來處理問題，看待事物，其實這是失敗的信號。因為這樣的盲目樂觀，相信自己總可以逢凶化吉，所以在面對失敗的時候，往往會採取一些不明智的措施。由於沒有做好足夠的心理準備，所以在面對挫折的時候，往往不堪一擊。

我以前讀大學的時候就十分極端，盲目自信，每次只要做小組報告，就一定要和別人不一樣，極力證明自己的獨特性。如果我在選研究主題的時候有人跟我選了一樣的，不管

這個報告做了多少，就一定會換一個主題，雖然換了之後做得不會比之前的好。

我在一次沙盤中發現自己的一些問題，所以就去向我的老師求助了。我的老師問過這樣一個問題：「你是證明給誰看呢？」正是那樣一句話，讓我幡然醒悟了，找到自己的問題的根源所在，於是我重新回到了沙盤室，在沙盤裡面，我看到那個小時候的自己，看到了那個小時候受人表揚的、自信滿滿的自己；那個隨著年齡增長，成績不如以前的自己；那個在高中想要極力證明，但總是得不到認可的自己。原來很多時候我們的所作所為都是一種補償，補償以前沒有得到的，但是又十分渴望得到的。

怎樣才能克服盲目自信所帶來的負面影響呢

有一個成語叫「居安思危」。這個成語的含義是指處於安全環境的時候，也要想到危險。國外的學者用了一個詞，叫做「防禦性悲觀主義」，其含義和「居安思危」是一樣的，指的是在過去的情境中取得過成功，但在面臨新的相似的情境時，仍然要以較低的期望水準並反覆思考事情會出現的各種可能結果。簡單來說，就是適當的悲觀可以讓人有一個心理準備去面對未來的困境，這是一種成功的策略。其實我們也可以說，這是一種未雨綢繆。但是要注意，這樣的策

第二章
成長的重建

略也有一些適用前提。

　　首先，防禦性悲觀主義策略的使用要展現在一些比較重大的事情上，不能事事都使用這一策略。

　　其次，就是要運用在事前，而不是事後，如果用於事後，就會導致自己變成絕望的悲觀者。舉個簡單的例子，如果一個人想要獲得一項巨大的成功，比如他想考一所好學校，那就需要在努力的同時，想好可能的後果是什麼，比如第一次考上了當然是好的，這樣大家都是皆大歡喜；還有另外一種情況就是如果沒有考上的話，自己之後應該怎麼做，是選擇工作還是繼續考，或者打算去留學，這些其實都是事前就應該想到的。有些人可能會認為，我考的話就一定要考上這所學校，考不上我就繼續考，把這件事限定在一個範圍之內，只思考一個結果，一旦最後得到的結果與自己的期望相差太大，就會導致自己一蹶不振。

　　最後，要保持低調，否則就會導致困境。自己默默執行一些重要的決定，不要搞得盡人皆知，因為這代表著你會面臨很多壓力，你的家人會對你充滿期望，你的朋友會來問候你的情況，所有人的關心其實對你來說不是一種關心，更像是一種壓力，讓你害怕如果最後的結果不好，你不知道如何去面對他們。所以在我們要做某件重大事情的時候，保持低調，少一些人知道，其實也是一種自我保護。

　　因此，當我們產生盲目自信的時候，希望大家都可以看清自己，採取正確的方法。只有這樣，我們才能一步步地走向圓滿，同時保持心理健康。

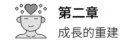
「我有考試焦慮症」

「我有嚴重的考試焦慮症，從小我就不是一個聰明的孩子，也從來沒有人說過我是一個聰明的人，倒總是聽到大家說我很努力，但是我並不覺得他們是在誇我。一直以來，我都想用自己的成績來告訴爸媽，我其實不只是一個努力的人。結果總是事與願違，當我每次想要得到一個好成績的時候，結果和自己預想的總是不一樣。每一次失敗我其實都很痛苦，有時候我就想，不要對自己這麼嚴格，不行就是不行，但同時我又很矛盾，我知道自己一旦這樣就墮落了。隨著失敗的次數增加，我開始出現了一些症狀，就是每次面臨比較重要的考試的時候我就會十分緊張，不僅手心出汗，而且每一次都會出現不同的情況，比如考試之前突然拉肚子，或者感冒的，或者其他的，前一天晚上睡不著，進而影響第二天的考試。我很苦惱，我不想每一次都出現這樣的情況，一直這樣我就會發揮不好，再這樣下去，我就沒有辦法證明我自己了。」

為什麼我總是這樣

我相信很多人或多或少都經歷過類似的事件——考試焦慮。那麼，我們為什麼會焦慮呢？這裡要講到一個十分重要的心理學概念，叫做「驅力」，簡單來說就是我們的動機。講到動機，我們必然會涉及另一個概念，那就是「需求」，我們可以簡單地理解為因為我們有需求，當需求和對象發生連繫的時候，我們就會產生動機，而動機就會驅使我們去滿足自己的需求。所以，我們會做出某種行為。因此，當我們產生考試焦慮的時候，首先要想清楚的是，我們想要從這場考試中得到什麼，是父母的認同還是獎勵，或者不願意自己的努力白費。你的需要影響著你的動機，也影響著動機的水準，如果你的動機過高，同時對自己估計不足的話，就容易引發考試焦慮，一旦焦慮就可能出現失眠。

為什麼我們總是在面臨可能的成功之前發生狀況呢？這可以用自我設障去理解，也就是說，當我們即將面臨可能成功的時候，我們可能會給自己設置障礙來阻止成功，為什麼要這樣做呢？原因在於自我保護，試想一下，如果我們沒有遇到意外的因素，但是這一次還是失敗了，我們會怎麼進行失敗歸因？我們或許就會認為，是自己能力的問題，因為自己太差勁了，那麼這樣無疑會影響我們對自我的認知。所以我們透過自我設障的方式來保護自己，如果失敗了，我們就

會將失敗歸因於昨晚拉肚子了，不舒服，這樣我們的自我認知就不會受到傷害，從而可以自我保護。有人可能會說「這不是自欺欺人嗎」確實是這樣的，這就是自欺欺人。

我們應該如何調適呢

首先，我們需要明白的是，自己為了什麼而努力。如果我們是為了自己能夠掌握知識而努力，我們將這樣的人稱為「掌握目標」的人，這類人不會因為得不到自己想要的結果而產生焦慮，如果他們失敗了，他們會找到自己失敗在哪裡，然後進一步透過學習掌握新知識。如果我們是為了得到父母表揚或者是別人的讚美而努力，那就是「表現目標」的人，這類人一旦失敗，必然會認為自己不是他人眼中那個優秀的孩子，因此產生焦慮。

其次，根據不同的任務和情境，調節自己的動機水準。根據心理學原理，當我們面臨不同難度的任務時，為了取得最好的效果，需要不同程度的動機水準。具體而言，如果我們想要獲得成功，動機太高了不行，動機太低了也不行，我們需要保持一個適當程度的動機。在任務十分簡單的時候，需要提高動機，這樣工作效率可以達到最佳；在任務難度中等的時候，保持中等動機，效率最好；在任務難度十分大的時候，保持一個低動機，效率最好。

　　最後，藉助一些心理學的小技巧，可以幫助我們克服考試焦慮，例如發揮肢體語言的力量。肢體語言對於人類的溝通十分重要，我們可以從一個人的肢體動作或微表情中解讀很多的資訊，也許我們的語言可以欺騙我們，但是我們的身體語言不會欺騙我們。或者說得更加玄乎一點，我們可以用肢體語言來讀懂一個人的想法。當然，這是一種很神奇的心理現象。

　　透過肢體語言不但能解讀一個人的想法，而且還可以利用肢體語言來控制自己的想法。我們需要做的是當自己覺得不可能成功的時候，假裝自己是成功的，直到真正獲得成功。假裝自己是一個成功的人，可以使我們的生理發生一些微妙的變化，比如荷爾蒙增加。想像自己在面試的時候，是不是盯著自己的手機，是不是盯著自己的筆記，努力想讓自己蜷縮在一個角落，尤其是面臨一場高壓力面試的時候，我們會避免自己看起來十分顯眼。但是如果這個時候我們嘗試做一個十分有力量的動作，事情會不會變得不一樣呢？

　　如果我們真的很想得到這份工作，但是又認為自己並不優秀，自己不應該在這裡的時候，可以試著用一種肢體語言告訴自己，我們應該在這裡並且留下來。我們可以花兩分鐘的時間，嘗試一種顯示權力的動作，張開自己的雙手，或者將自己的手叉在腰上，假裝自己很成功，自己是一個掌握著

權力的人。就是這樣一個持續兩分鐘的小動作，不僅可以使我們體內的荷爾蒙上升，還可以在心理上讓我們認為自己好像也不差，這會帶給我們極大的自信心。一個小小的改變，就可以產生意想不到的效果。當我們沒有其他辦法的時候，試一試或許會有意外的收穫。

關鍵時刻我總是掉鏈子

　　每個人或多或少都遇到過這樣的情況，當我們面臨著巨大的壓力的時候，就會發揮失常，也許是面臨一次重要的考試，也許是面臨一場對於我們來說很重要的比賽，關鍵時刻總是發揮失常。我們或許會想自己不應該是這樣的水準，但是最後卻落得這樣的下場，籃球和足球運動員就經常出現這樣的情況，所有人的期望都放在他們的身上，他們發揮失常了，所有人的期望都在一瞬間灰飛煙滅，轉身就走的人也很多，於是他們開始責怪自己，但還是無法改變結果。在考試之前，我們都會認為自己真的已經都準備好了，但是結果並不讓自己滿意的時候，我們就會對自己的能力產生懷疑。因此，當面臨壓力的時候，我們的大腦究竟是怎樣運作的呢？

神奇的大腦

　　我們可以仔細回想一下，假如自己現在在監理站的考場上，我們覺得自己已經準備好了，教練告訴我們，「不要緊張，你平時練得比誰都好，就按照你平時練車的水準來就好」；我們也在心中為自己打氣，認為自己一定能過。當我們

把腳放在離合器上面，手放在方向盤上，監考官問我們是否準備好的時候，我們就開始緊張了，兩腿控制不住地發抖。考試開始了，現在到了倒車入庫的項目，我們在心中告訴自己：平時完全不用回憶需要怎麼做，因為開車已經成了一種自動化的技能了。但是到了考場，我們就把自己全部的注意力放在需要打多少圈方向盤，離合應該怎麼控制，壓線應該壓在哪裡才是最佳位置，這可能就是導致我們發揮失常的原因。於是考試結束了，我們只能重來一次、兩次、三次……

在心理學上把這樣的現象叫做「分析癱瘓」（analysis paralysis），也可以認為是一種過分注意。試想一下，我們下樓梯，完全不需要意識的運動，如果我們將所有的注意力都放在下樓梯的動作上面，也許會摔個狗吃屎。因為我們的大腦是這樣運作的，它喜歡自動化加工，本來自動化的加工就是一種習慣化的動作或者是思維，如果我們再把過多的注意放在這上面，就十分容易出現問題。就像很多舞蹈老師告訴自己的學生要怎樣才可以把舞跳得最好的時候，都會說：「不要思考，不要停。」

其實面對壓力只需要保持平常心就好了。但是很多人會說，你說得倒是輕巧，真的面對壓力的時候，就很難做到平常心。下就有幾種方法可以幫助你。

如何應對壓力

◆ 第一，我們的心情很重要

在我們即將面臨壓力情境之前，把所有自己的心情和擔憂寫在日記本上。很多人都會在週日感到焦慮，因為一想到明天就要去上班了，又要擠捷運，晚上還得做好明天的飯，明天又要開會……這些事情的時候，就會產生一種壓力。所以在此之前，整理好自己的心情，對於即將到來的壓力做好迎接它的充分準備，壓力就沒有那麼大了。

◆ 第二，壓力來自環境

實際上很多時候，讓我們倍感壓力的不僅僅是我們自己，也有很大一部分原因是來自環境的影響。在心理學上有兩個十分常見也十分普遍的現象，我想大家都有過這樣的體驗，許久沒有回到家鄉，當我們回到家鄉，看到家鄉的一草一木、一磚一瓦的時候，都會勾起自己小時候的回憶。於是，在我們提取長時記憶的時候，情境和生理或者心理狀態是長時記憶重要的提取線索，我們把它叫做情境依存記憶和狀態依存記憶。

情境依存記憶（context-dependent memory）是指，如果我們真正面臨考試的時候和平時複習的時候是在同一間教室，那麼我們可以回憶起來的訊息將會更多，因為我們的大腦對環境有一種熟悉感，熟悉的環境會成為我們提取記憶訊

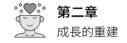
息的線索。狀態依存記憶（state-dependent memory）是指，在我們真正面臨考試的時候，心理狀態和複習的時候是一致的，回憶起來的訊息將會更多。為什麼有些人心態不好，就會考得越差，就是因為這個道理。

根據這兩條線索，我們就明白了，為什麼我們考駕照的時候，在考試前一天通常會去現場模擬，有些人甚至直接在考場上練習，也是有原因的。如果我們要準備一場重要的考試，最好是隨時隨地，不管在任何時候、任何環境下，都要保證自己處於一種學習的狀態。這樣，我們到了考場，不管是何種環境都可以應付。如果我們只能在安靜的環境下學習，一旦考場有一點雜訊，我們就會十分煩躁，從而影響考試的發揮。

◆ 第三，他人在場的作用

社會心理學的第一個科學實驗是，一個人踩踏板的時候，如果有人看著他踩，他的表現會更加賣力，工作也更加有效率，這就是他人在場會產生的社會促進現象。但是他人在場並不是任何時候都會產生社會促進，它僅僅適用於簡單的工作，而不適用於有難度的工作。比如我們在解答一道數學題的時候，有人看著比沒人看著更會導致我們不容易解答出這道題。因此，正確看待他人帶給我們的壓力，對於我們有效應對壓力，發揮著十分重要的作用。

努力很重要，方法也很重要

「我明明已經很努力，但還是不行。」

「我已經盡力了，對不起！」

為什麼我們總是很努力，但總是得不到一個好的結果。

在我讀高中的時候，班上有一個女生，三年以來，班上的同學沒有誰比她更努力，所以她總是老師鼓勵我們學習的榜樣。她上課認真，下課也會繼續學習，不懂的就會問老師，每天最早一個來，最後一個走。我很疑惑，究竟是什麼讓她有如此大的動力堅持學習？但奇怪的是，每一次考試她都考得不好，甚至不如很多每天都在玩的人成績好。從她身上就可以看到，努力並不是成功的唯一因素，有一些事情不是努力就可以做到的，終究還是要掌握方法的。

我們的大腦有兩個區域

從很早的時候開始，老師就告訴我們，讀書是有方法的，但是他們並沒有告訴我們怎樣去掌握這個重要的方法，但很多老師僅僅是泛泛而談，所以才會有很多明明很努力，卻還是沒有辦法取得好成績的人。讀書、工作都是有方法

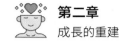
的，高效的人會把自己的大腦分為兩個區域，一個叫做學習區，另一個叫做執行區。簡單來說，學習區就是我們發展自己、完善自己的區域，是為了更好地執行任務而進行自身準備的區域；而執行區就是指完成社會、老師、父母、公司要求我們去做的事情的區域。比如一個老師的執行區是教書，而她的學習區就是為了讓自己更好地教書，在學習區她會反思自己在教學上的不足，以及還有什麼地方可以改善。我們把自己在學習區進行的練習稱為刻意練習。

　　舉一個簡單的例子，現在的音樂圈有很多十分優秀的音樂人和歌手，他們的每一次演出就是他們處於執行區的時候，他們會盡力完成自己的演出，但是當演出結束之後，他們所做的事情不是躺下來休息，而是觀看演出的影片，發現在演出中哪些地方做得不夠好。這個時候他們就處於學習區，為了下一次的執行，完善自身的過程。

　　就像一個律師想要打贏官司，光有過去的經驗是不夠的。一個律師如果具備出色的演講能力，會幫助他更順利地打贏官司，而為了打贏官司所做的演講練習，就是刻意練習。因此，當我們處在學習區的時候完善自我，努力探索，嘗試一些新的東西，不管對自己以後的發展還是現在的工作，都是十分有幫助的。

　　學習區是允許我們犯錯的，在一次次的犯錯中，不斷摸索，

進入最佳的狀態。但是，我們不是隨時隨地都處於學習區，在我們的生活和課業中還存在高風險的情況，比如為什麼我們總是認為失敗了，就會被別人看不起，因為在很大程度上，我們沒有建立可以犯錯的概念。老師、家長用分數來衡量我們是否是一個聰明的孩子，他們沒有給我們犯錯的機會，他們總是說這一次要好好考啊，拿個好分數回來。一次考差了，即便他們說：「沒關係，下一次考好就行了。」實際上這樣的話並沒有太大幫助，因為他們不會說：「沒關係，找到自己哪裡不懂的，找到自己的錯誤，才是最重要的，下一次不再犯相同的錯誤就好。」

因為老師和家長將我們置於一個高風險的情境中，所以我們總是去執行、執行、再執行，甚至根本不會停下來思考自己是哪裡出了問題，難怪會有很多人不知道該如何讀書，如何讓努力帶來成績，這就是方法的問題。

不僅僅是讀書這件事，記憶本身也是有方法的，很多人記憶的方法永遠局限於複述、複述、再複述，這樣不僅僅是浪費時間，更是浪費自己的精力，還會極大地挫敗自己的自信心。我聽過很多家長抱怨，自己的孩子背英語單字，10 個單字要背三個小時，然後第二天就忘了，也不知道該拿他怎麼辦。這是因為記憶的方法不對，所以效率很低，因為孩子總是在執行區，也就是背單字，而沒有在學習區上鑽研方法，刻意練習，所以才會出現問題，停滯不前。

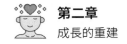

怎樣才可以做到更好

首先，相信自己可以做好，建立一種成長型思維。成長型思維是指不刻意關注「我要拿到好分數」這件事本身，而是關注自己在這個過程中，有沒有掌握知識，有沒有獲得成長，這是刻意練習的重要基礎。

其次，我們需要一位可以幫助自己獲得回饋，為自己指出錯誤所在的導師、同事或者朋友。一個人學習和一個小組共同學習是不一樣的。在一個小組中，大家會相互比較自己的任務完成情況，如果別人比自己完成得更好，那麼就會引發我們的焦慮，促使我們設法改進，並且在考試的時候，更加從容地應對。相較於一個人學習，很多時候我們以為自己準備好了，實際上的結果並不好，小組就為我們提供了一個參照的標準。同時，在小組裡面總是有一些我們可以學習的榜樣，從他們的身上我們可以反思自己的問題，而這是一個人學習很難做到的。

最後，為自己建立一個低風險的島嶼。想要更好地建立自己的學習區，就需要為自己建立一個低風險島嶼，不能總是將自己置於高風險中。告訴自己：這一次只是我查漏補缺的測試而已，我找到自己的錯誤之後，就會在下一次做得更好。

AQ 是個什麼 Q

「怎樣才可以提高自己的環境適應力呢？我很想找到一種方法，可以讓我在很多情況下都能應對自如，因為我的工作總會面臨大量突發狀況，如果我不能從容應對的話，就可能會失去這份工作。我很想要這份工作，為什麼我的同事就可以做得比我好？我真的很羨慕他們，好希望自己也有這樣的技能啊！但是很遺憾，我沒有，每次只要和我預想的不太一樣，我就會緊張，腿還會抖，讓人笑話，我也告訴自己說，『沒關係，你只是經驗不足而已』，但是我知道這只是安慰自己的話罷了！」

AQ 是什麼

相比於 EQ、IQ 來說，AQ 也很重要，它指的是一種適應能力。有多少人因為對新環境適應不良而產生了不同程度的心理問題。有多少人在大學畢業之後進入社會，因為適應問題遭受了嚴重打擊的？我曾經有一個朋友，她說她剛進入職場時，每天回家都要哭，哭了之後再重新振作起來，「那個時候我想是我有生以來最難熬的時期，以前都是我媽替我安

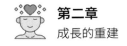
排得好好的,走出校園才發現,以前自己的生活是多麼的簡單」。好在她都撐過來了,現在是一個很優秀的人。但不是所有人都存在適應的困境,一些人的適應能力永遠比另一些人強,他們總是在任何環境下遊刃有餘,也就是說,他們的 AQ 更高。

怎樣提高自己的 AQ

◆ 第一,善於對自己進行「如果是……,你會怎樣……」方式的提問

這種提問方式的好處在於,我們可以在大腦中構建未來式情境,這樣一種預設的功能會使我們在面對任何突發情況的時候,都不會因為過去沒有這樣的經驗而慌亂。透過這樣一種提問方式,一個優秀的 HR 會挑選出他想要的適應能力強的人。這種方式同樣可以用於我們平常的生活。比如在準備進入社會之前,問自己這樣一些問題,「如果我工作失誤了,主管責備我,我該怎麼辦」,「如果臨時讓我通知大家一件事情,我該怎麼辦」「當我找不到理想的工作的時候,我該怎麼辦」等等。這樣的問題在某種程度上會提醒我們以後面對隱患時怎樣應對。

◆ 第二,開始一份工作的時候,對自己進行歸零

在我大學剛畢業的時候,曾去一家管理顧問公司面試,當時遇到一位從事精神分析多年的老師,她和我一起進入這

家公司，因為她工作經歷豐富，所以很多人都非常崇拜她。但是她並沒有執著於過去的那些經歷，而是把自己歸零了，重新開始學習，她告訴我們，她就是來這邊學習新東西的，所以大家更加佩服她了。很多時候我們都不能把自己歸零，我們會沉浸在過去的經歷之中，而這樣往往就會導致我們無法接受更多新的經驗，所以我們才無法適應新的環境。

◆ 第三，大膽探索

其實很多時候，我們會發現自己可能還不如一個嬰兒聰明和有好奇心。一個嬰兒會用自己的雙手去探索新的環境、新的事物，他們將很多東西都放在嘴裡，以便於了解清楚什麼東西是可以吃的，什麼東西是有趣的。他們願意嘗試新事物，而大多數成人則是去同樣的地方、吃同樣的食物，雖然從某個方面來講，這只是一種最優選擇罷了。在自己熟悉的環境中，我們是感到舒適的，如果某一天換了一種環境的話，我們就無所適從了。而不斷探索則為提高我們的適應能力提供了巨大的幫助。

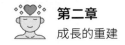
「你恐懼死亡嗎」

「我的身體很不好，尤其是在老了之後，患了高血壓、高血脂、高血糖，所以我不能吃很多我想吃的東西，必須要忌口。不僅如此，而且還經常感冒，雖然沒有什麼大病，但總是小病纏身，這些小病總讓我擔心，我哪天可能就這樣去了，留下我老伴和兒子、媳婦，還有我那可愛的孫子。所以我總是熬中藥調理自己的身體，但是其實沒有什麼效果，也就是為了求一個心安而已。我晚上都不敢睡熟，因為我起床總是很困難，我總怕有一天我一睡就起不來了。

直到有一天，我真的因為暈倒進了醫院，原來電影裡面說的，人在臨死的時候，你的大腦真的就會像放影片一樣回憶你的一生的。在朦朦朧朧中我看到了自己年輕時候的樣子，笑得真是開心啊；還有我的老伴年輕時候的樣子，那是我們結婚的時候；還有我兒子出生的時候，還有我孫子出生的時候，這些都是美好的回憶啊！可惜我就要離開了，雖然我很捨不得他們，但是我知道，這一天終究會發生的，與其帶著遺憾，不如微笑著跟他們說再見吧！於是我帶著微笑和幸福離開了這個世界，去了另一個國度，希望另一個國度的

人都不要太難相處，我的家人們也要好好地生活下去。」

一個曾經在鬼門關走了一遭的老人這樣說。

死亡於我們而言究竟意味著什麼

當人老了的時候，總是喜歡追憶自己的過去，回味自己的一生，因為老年期是獲得完善感、避免失望和厭倦感的時期，艾瑞克森說這是獲得智慧的時期。當我們進入人生的最後階段，如果我們對自己的一生滿意，那麼就會覺得自己的一生是完整的，就可以獲得一種完善感；如果覺得自己的一生一事無成，消極地看待自己的一生，否定自己的一生，就會產生厭倦感，同時恐懼死亡。

老年人會對自己一生的經歷進行反省，回顧往昔日益頻繁，但對自我的探索仍在繼續，對於死亡的關懷會不斷減少。由於老年人見多識廣，目睹了大量的生生死死，所以很多老年人對於死亡會有一種正確的認知，他們不像中年人那樣懼怕死亡（人在中年總是會有很多牽掛的東西，因為中年只是人生得意一半而已，上有老、下有小，所以很多中年人不想在這個年紀就死去）。但這並不代表老年人有想死的願望，而只是表示他們對於死亡這一事實的認可和接納。實際上，老年人是需要很大的勇氣來面對死亡的，同時還要充滿樂觀和熱情地度過生命中的每一天。

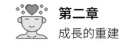
著名學者伊麗莎白·庫伯勒－羅絲提出，一個人在臨終的時候，通常會經歷下面五個階段：

- 第一個階段是否認的階段，「不不，不可能是我」，患者認為死亡不可能發生在自己身上。所以家屬要充分理解這樣的心情，同時還應當給予盡可能的同情和體諒。
- 第二個階段就是憤怒的階段。患者開始承認死亡，但是會經常感到憤怒，「為什麼死的人偏偏是我」。這個時候，當事人和家屬都要充分認識到憤怒的危害，要盡快地過渡到平靜期才行。
- 第三個階段是交易的階段，又叫做討價還價。這個階段的患者會表現得特別隨和，他們通常會與醫生、「死神」進行交易，取得同情和幫助，為了增加自己的壽命，會承諾「如果您再給我多一年的時間，我將會做很多的善事」。
- 第四個階段是憂鬱的階段。當他知道第三個階段的討價還價無效之後，就會表現出憂鬱，甚至可能自殺。當患者面對即將和親人永別、即將拋棄財產以及他們所擁有的一切時，就會表現出嘆息、悲觀、沮喪的情緒，「好吧，我知道是我」。這個時候家屬應當給予他們安慰，理解患者，盡快讓患者恢復到安靜的正常狀態，但是要注意自己的用語問題，用語不當可能會激怒患者。

● 最後一個階段就是承受的階段。沒有所謂的悲傷和高興，而是接受自己即將死亡的事實，「是我，是我，我已經準備好了」。

如何管理好自己對於死亡的恐懼

◆ **第一，訓練自己管理對死亡的恐懼的能力**

可以透過寫關於死亡的短文，或者是回答瀕死以及死亡後的問題，還可以觀看死亡交通事故的影片。透過這種簡單的方式，思考關於死亡的問題，在某種程度上可以看到自己對於死亡的態度是怎樣的，從而關注自己的內心世界，進而在主觀上改變自己對於死亡的看法。如果可以的話，還可以去參觀死亡體驗館，體驗在棺材裡面的感覺，體驗在墓地的感覺，透過這種方式可以喚起我們的死亡意識，然後對其進行積極的回饋，這樣就可以減少我們對於死亡的恐懼。一般來說有過瀕死體驗的人會更加熱愛自己的生命，表現出更多的助人行為。現在很多城市都會有死亡體驗館、盲人體驗館這樣的項目，是一種很好的體驗。我們不應當恐懼死亡，而是應該直面死亡。

◆ **第二，學會死亡反省**

死亡反省指的是讓我們設想自己死亡的可能情景，在想像的過程中進行提問，比如有一個這樣的場景，你躺在醫院

的手術臺上，醫生在為你動手術，因為長期吸煙，你的肺受到嚴重的損害，然後你突然聽到一個聲音，原來是生命跡象儀顯示你快要死了，你突然連呼吸都很困難。當你想像到這個情景的時候，就問自己「當我聽到生命跡象快要停止的時候，我的內心活動是怎樣的，我是不是感到恐懼，我恐懼的是什麼」等問題。這樣的方式，雖然是一種想像的情景，但是在某種程度上可以改變一些人不健康的行為，比如吸菸，同時還可以激發更多的利他行為。

◆ 第三，作為家屬的我們應該做些什麼？

　　我第一次聽到「死」這個字，是在我上小學的時候。那個時候，我有一個很好的玩伴，我們是很好的朋友。在暑假過後的 9 月開學的日子，他沒有來學校，老師告訴我們他暑假在河裡游泳，然後溺水，沒能夠被救出來，於是他離開了這個世界。也許那時候我還小，並不知道死亡意味著什麼，只是覺得少了一個玩伴。直到高中的時候，我親眼看見親人的離去，與死亡才有了近距離接觸。我們家是一個大家庭，彼此都很和睦，我很喜歡嬤嬤，每一次我放學回家，一定會去樓下她工作的地方找她聊聊天，然後我再上樓寫作業。她總是說：「好餓啊，不然你去買豆花回來，我給你錢。」「明明都已經四十多的人了，還跟一個小孩子一樣。」我總是這樣想。我哥想起她的時候，總是說：「以前我每次工作完回

來都會從後面嚇她，每一次她都中招，不過，現在已經沒有這樣的機會了。」最傷心的就是我堂姐和我叔叔了。

　　我嬸嬸是生病去世的。當時她是一直在醫院的，那天我在上學，突然接到電話說嬸嬸回來了，於是我就蹺了課，騎上腳踏車回到家中，一回到家就看到樓下擺了一口棺材。我就知道可能是嬸嬸要走了，我扔掉腳踏車，就跑到她的房間。因為生病，她面黃肌瘦，本來很健康的黑色秀髮也變得稀疏，她大口地吸著氧氣，好像感覺到我來了，她努力地睜開眼睛，艱難地抬起她的手向我招手。那是我第一次覺得死亡很可怕，第一次覺得死神可以輕易地奪走人的生命，明明人們是那麼努力地活著，但是死神想要誰的生命的時候，卻是一件那麼容易的事情。

　　那天晚上，我們所有的人都圍在那間屋子裡，我握著嬸嬸逐漸冰冷的手，直到她的體溫變得冰冷，直到她沒有了呼吸。我知道，她是不想離開這個世界的，她是不甘心的，明明自己還很年輕，明明有很多事情都還沒有做。有很長一段時間，我堂姐都處於一種十分憂鬱的狀態。在嬸嬸去世後，有一次我發現叔叔一個人躲在她的裁縫間裡偷偷地哭，也許是不想讓自己的女兒看見吧。生命中最重要的人，終有一天會離去，希望人們可以好好地珍惜在一起的機會和時間。如果有家人正處於病魔的糾纏中並且時日不多的時候，一定要傾聽他的願望，但不要為他做決定。

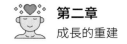
幸福來源於哪裡

「我太老了，所以我應該退休了，我不應該占著這個職位了，應讓年輕人上來了。但是退休之後總是會感到孤獨和憂鬱，我的身體狀況也開始下降，記憶力不好，聽力也不太好，很多時候我都聽不清楚他們在講什麼，電視的聲音好像也越來越小了，我甚至都懷疑它已經壞了。退休時間長了，我真的感受到，我已經是一個老人了，我已經不再年輕了，我感到我身體裡的很多東西都在喪失，也許是老天想要把它們從我身體裡抽走。

老伴的身體也越來越不好，我生怕有一天她會離我而去，兒子和媳婦也總是很忙，所以家裡總是我一個人在，空落落的。人一旦閒下來，總是會東想西想的，總是會回憶以前那些在我身上發生的事情，然後驚訝地發現我以前真的過得不怎麼樣啊，真是令人失望。看著別的老年人都挺幸福的，經常在社區樓下跳廣場舞，他們看起來很開心啊，什麼時候我也可以像他們一樣，臉上總是掛滿笑容就好了！」

影響老年人主觀幸福感的因素

哈佛大學最近有一項對千禧一代的幸福感的調查研究，透過詢問他們什麼是幸福，大致得出了這樣的結論：80％的人認為是變得富有，50％的人認為是變得有名，看來錢和名聲對於現在的年輕人來說就是幸福。但是真正能影響我們幸福的究竟是什麼呢？哈佛大學也做了一項這樣的追蹤研究，以724個美國男性為實驗者，追蹤這些人75年，年復一年地問他們的工作、家庭生活、健康狀況。這項實驗投入了大量的時間、金錢和精力，雖然中途有人早早去世或者很多人不願意參與這項研究，但值得一提的是，在這724人中有60人堅持接受調查。

最後，研究者得到了一份關於幸福是什麼的結論，那就是：良好的人際關係可以使我們感到幸福、健康和快樂。一個人在50歲時對於自己的人際關係的滿意度影響他們80歲時對人際關係的滿意度，不管是否身患疾病。受試者告訴研究者，雖然有時候會有一些小吵小鬧，但最重要的是，當你老了，還有人在你身邊，支持著你，那便是最大的幸福了。或者說，當我們老了回憶起自己的過去，有一個良好的人際關係，我們的臉上也會掛滿笑容的。

同時，影響主觀幸福感的還有一些其他因素，比如：老年人對日常環境的控制感也影響著老年人的主觀幸福感。關

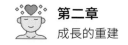
於養老院的實驗研究得出了這樣的結論,實驗將老年人分為兩批,一批老年人可以自由布置自己所住的環境,對於自己的生活有一定的控制權和管理權,老年人可以在自己的房間養花,行動自由不受別人支配。另一批老年人,則是所有事情都由別人替老人們準備好,不需要老人們為自己的生活操任何心,就連他們房間裡花盆的擺放都是安排好的,所有活動都要經過管理者同意。經過一段時間後,比較兩者的死亡率,結果發現對自己生活環境控制感強的老年人比控制感低的老年人死亡率更低,這就說明環境控制感對於老年人的主觀幸福感十分重要。

還有就是親子的支持。一個溫暖的家庭具有保護作用,一個和諧的家庭可以提高老年人對生活的滿意度,家庭和睦、相互支持是幸福的必要因素。

怎樣做一個幸福的老年人

馬克・吐溫曾經這樣說:「生命如此短暫,我們沒有時間去爭吵、道歉、傷心、斤斤計較,我們只有時間去愛,一切稍縱即逝。」

◆ 第一,做好年輕時候該做的事情

要做到這些事情並不難,可能是一起做一件新鮮的事,挽回一段生鏽的關係;也可能是用面對面的時間代替看影片

的時間；還可能是給許久未聯絡的親戚或者是朋友的一通電話。在我們依然年輕的時候，就保持良好的人際關係，不需要太多，有一兩個真心的朋友就好了。

◆ 第二，作為一個老年人，要學會和過去的生活道別

迎接老年生活帶給自己的挑戰以及完成自己人生中最後的任務。首先，學會適應自己生理上的變化。雖然各種身體機能都在退化，但是這不代表老年期是沒有發展的，很多老年人會更加智慧，比如在文學上深有造詣的往往是老年人，因為他們經歷了人生的大起大落，有著豐富的人生閱歷，即使是在老年的時候他們也不忘促進自身的發展。

◆ 第三，重新認識過去、現在和未來

在人生的最後階段，重新認識自己，正確看待自己的一生，也許你的生活並沒有你想的那麼差。你生兒育女、找到伴侶、正常退休，你還幫助了許多人，也許你所做的並不是你想像得那樣少。

◆ 第四，形成新的生活結構

很多老年人在退休之後都會經歷一個適應期，在這個時期我們往往會感到悵然若失、煩躁不安，可能會產生憂鬱、焦慮的情緒，這稱作「退休症候群」（retirement syndrome）。老年人在這個時候一般都是很難熬的。因此，在這一時期老年人要接受自己的退休生活，發展新的生活模

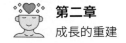
式。社區的影響是很大的，老年人要在社區裡找到自己新的
夥伴和新的興趣，參加社區的娛樂活動，這些都可以增加老
年人的主觀幸福感。

第三章
心理的重建

　　世界衛生組織對於心理健康的定義是能夠從容應對生活中的壓力，高效、有成果地工作，可以為社區做貢獻。我們每個人都非常注意身體健康，即使是 3 歲大的孩子都知道不小心摔倒，腿上出現傷口，要用 OK 繃蓋住傷口，避免傷口感染。但是很多人不知道如何保持自己的心理健康，人們也沒有意識到心理健康對於我們是多麼重要。儘管現在大眾對於心理學的接受度有所上升，但是依舊有很多人對心理健康的認知並不充分，甚至在一些國家會出現把心理疾病妖魔化的現象。

　　不知道大家小時候是否有過這樣的體驗，在社區裡面，可能會出現這樣一個人，他每天就在街上晃悠，大聲說話，你不知道他在說些什麼，就是一個人自言自語地說。作為一個對世界充滿好奇的孩子，你可能會對這個人產生一點興趣，就會問自己的媽媽：「媽媽，他怎麼了，為什麼他要這個樣子啊？」這個時候你的媽媽就會回答說：「不要看，這個人瘋了，是一個瘋子，你靠近他就會發瘋，所以你不准和他說話。」

　　當我們談及這類人的時候，厭惡、害怕、鄙視的心理就會油然而生。許多地方都普遍存在這樣的現象，這就是把心理疾病妖魔化，顯示很多人無法正確看待心理疾病。當我們的身體出了毛病時，每個人都知道要去看醫生，把自己的病治好，但是心理健康出了問題，人們選擇的卻是不在意、不關心，更不知道如何去維護自己的心理健康。每個人都會有負面情緒，一個人不可能永遠開心、快樂，我們會孤獨，也會經歷失敗，遭到拒絕，當出現這些心理困擾的時候，如何正確地應對和處理呢？

擺脫孤獨

一個朋友回憶往事的時候說：

「在我讀大學的時候，幾乎每次過生日，我的父母和朋友都會打電話給我。但是在我 22 歲那年生日的時候，一整天一通電話都沒等到，連和我朝夕相處的室友都不知道那天是我的生日。帶著一絲絲的希望，我等到了半夜 12 點，但是依舊沒有等到任何電話，我傷心、難過極了，就跑到寢室外面偷偷地哭泣。那一刻我意識到，他們也許並沒有像我想像中那樣在乎我，他們一定都生活得很好吧，大家都有自己的朋友，我在他們心中並不重要。

我想了很多，但是卻連主動打電話給他們的勇氣都沒有。第二天我回到寢室，一開門就看見我室友替我準備了生日蛋糕，他們告訴我是記錯日子了。第二天家人和朋友也跟我解釋為什麼忘記打電話的原因，然後他們就問，為什麼你不主動打過來呢？此後，我就在想，是啊，我為什麼不打過去呢？明明可以打過去的，原因只有一個，那就是孤獨。孤獨可以導致我們不敢跟別人聯絡，孤獨使我們不再相信自己的朋友，『我已經夠孤獨了，為什麼我還要自取其辱地被別

人拒絕呢？難道我還不夠痛苦嗎？』但是實際上，我每天都會和室友在一起，所以孤獨的感受僅僅是取決於我的主觀感受，取決於我是否認為自己在情緒或者人際上與別人隔絕開來。」

我曾經接到過來自朋友的一通電話，記得是在深夜 12 點 30 分的時候，我正準備睡覺，這個突如其來的電話無疑打亂了我的節奏，但轉念一想，這個時間點打來或許是有急事吧！於是這通電話持續了三個小時，在電話裡面他說了很多，不管是工作也好、感情也好、生活也好，都過得不盡如人意。他告訴我，他沒有辦法忍受一個人，他需要和人待在一起，所以他很想找一個女朋友……迷茫、孤獨、不快樂大概是這一代人的最佳代名詞。所以他還是忍受著這份孤獨。在孤獨面前，沒有人能夠獨善其身。

▌無法擺脫的孤獨

即使是十分成功的人也會感到孤獨，不管你在事業上多麼成功，孤獨卻無處不在，任何東西，金錢、名聲、權力都沒有辦法對抗孤獨。因為孤獨是生命的一部分，從馬斯洛需求層次理論的角度來看，我們沒有辦法忍受孤獨是因為愛與歸屬的需求。我們和別人建立關係，渴望一個有愛的群體，不管是家庭還是其他。而滿足這種需求就要進行社交，我們

的大腦對於自己的社交需求十分在乎，因為幾百萬年以來，不管是遠古時代還是現在，很多活動都是大家一起協同完成的，只有透過相互的合作，我們才能夠在充滿野獸的時代或者是當今這個時代生存下去。馬斯洛認為人的愛與歸屬的需求是一個人成長的基本需求，是必須滿足的。

孤獨會帶來十分嚴重的危害。研究顯示，很多獨居老人相對於和子女一起居住的老人，更容易感受到孤獨，死亡率更高；孤獨使人快速老化，免疫系統變弱，更容易患癌症等疾病。

如何克服孤獨

在一個有凝聚力的群體裡面，我們會有一種強烈的歸屬感，感覺自己是屬於這個群體的，而不是被孤立的。如果一個群體對一些重大事件的處理以及對於事物的認識同我們保持一致的話，那麼我們就會認同這個群體，進而產生強烈的認同感。最重要的是，我們能夠獲得社會支持，也就是說群體成員能夠在我們失敗的時候鼓勵我們，也能夠在我們成功的時候讚許我們。有了這樣的支持，即使我們處於不利的環境中，我們在心理上也不會感到孤獨。所以，在面對孤獨的時候，我們需要做到以下四點：

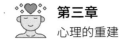
◆ 第一，尋找自己的社會支持

研究顯示，在社交痛苦產生的時候，這種痛苦會使我們的身體和心理都產生一種防禦機制，所以我們更可能會拒絕別人的關心和幫助。「你怎麼了？」「沒事，我很好。」「有什麼不開心的跟我說。」「沒什麼不開心的。」但是我們此刻臉上的表情就說明了一切。所以，不要把社會支持拒之門外，而是要試著接受他們。

◆ 第二，自我反思

當我們感到孤獨的時候，我們更有可能錯誤地解讀訊息，比如三個人一起吃飯，如果另外兩個人交談甚歡的話，我們可能會認為他們在孤立自己，覺得他們兩個更加要好。面對這種狀況，我們要更多地關注別人，而不是自身的問題。一般情況下，我們在孤獨、痛苦的時候，情緒識別系統也會失調，會將一個人中性的面孔識別為敵對。簡單來說，我們會認為別人就是在故意孤立自己，但實際上別人並沒有這樣做，就此彼此之間就造成了誤會，使事情變得更糟，甚至導致一段關係的破裂。所以當我們發現自己關注負面訊息的時候，停下來思考一下，訊息或許未必就是負面的，也有可能是正性或者是中性的。

◆第三，試著接受自己的孤獨感

事實上，這個世界上每天都有很多人在不同程度上接受孤獨。所以，不是只有我們自己才會有孤獨感，別人也是如此。當我們意識到孤獨感會導致惡性循環的時候，就是設法改變孤獨現狀的時候。

◆第四，勇敢地邁出改變自己的第一步

我們僅僅進行自我反思是不夠的，還要試著採取一些行動，比如寫一封信給很久不聯絡的朋友，打一通電話給比較疏遠的親戚，或者是做一些自己平時從來沒有做過的事情，如果你從來沒有去過俱樂部，不如趁著這個機會去嘗試一下，說不定會有意想不到的收穫。

戰勝挫折

我們經常會看到這樣的例子，剛剛畢業的大學生在經歷了實習期之後，或者是做了不到一個月的工作，就決定辭掉這份工作，回到自己家中。他們回家很重要的一個原因，就是因為承受不了失敗。他們內心獨白：我為什麼什麼都做不好？我為什麼這麼失敗？我想回家；這個社會太殘酷了，不適合我，我要回家。

我相信每一位知名作家成功背後都是由反覆的失敗累積起來的，甚至一些作家不斷地往雜誌社寄去自己的文章，然後又不斷地被退回，日復一日，年復一年，最後才會在某個契機下成功。任何作品都會經受各種評論，假如你是一位作家，你可能會遭受主編的無情攻擊，「你寫的這是什麼垃圾？」「這樣的東西根本不會有人看！」「你還是不要寫作了吧！」等等。當面對失敗的時候你是否也想過，「我不想幹了，我想回家」，或者是內歸因為自己的問題，「對，我就是一個非常失敗的人，我是扶不起的阿斗，我爛泥扶不上牆」。

失敗的時候，我們的思維是怎樣的

當我們面對失敗的時候，我們的大腦中有固定的思維和感知模式。那麼我們應該如何應對失敗呢？我們的大腦告訴我們，「你根本無法做成什麼事情」，而我們接收到了大腦的信號，我們就會開始感到無助，或許我們再嘗試一兩次，就放棄了；或許我們一次也不嘗試便選擇放棄，然後更加確定自己無法成功。

學者做了一個實驗，分別給三個孩子一個箱子，實驗者告訴他們裡面有他們想要的玩具，但是他們要經過自己的努力才能夠拿到。於是，三個孩子開始鼓搗自己的箱子。第一個孩子翻轉三次之後發現打不開，於是就不嘗試了；第二個孩子看到第一個孩子沒打開，一次也不嘗試，就在那裡哭；第三個孩子經過多次嘗試之後，打開了箱子，拿到了玩具。他們面對挫折時的不同態度與成年人如出一轍，或許這就預示了他們長大之後面對失敗的做法。

有這樣一類人，當他失敗的時候，他會連自己之前的成功也一起否定掉。其實人是一種十分有意思的生物，當我們一旦認定某個觀點的時候，就會堅持下去，很難被改變。

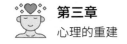
應對失敗

◆ 第一，找到動力

這個動力指的是我們所熱愛的東西，在我們的一生中，一定會有自己所熱愛的東西，我們需要做的就是從自己所熱愛的事物中找到最有價值的部分，並且為之努力。只要付出你全部的精力、毅力，並且沉迷其中，我可以向你保證，你所有的努力都不會白費。為什麼熱愛寫作的作家，即使遭受不同程度的打擊，他們仍舊堅持寫作，並且出版一本又一本的作品？因為他們熱愛寫作。也許有人會說，我覺得自己沒有很喜歡的東西，也沒有很熱愛的，那我要告訴你，不是沒有，是你沒有用心去找。

◆ 第二，找到榜樣

榜樣的作用十分重要，看到別人成功之後，我們也會向別人學習。前面所講的實驗，前面兩個孩子看到第三個孩子成功之後，又重新走向了箱子，然後開始不斷嘗試。在反覆的努力下，他們最後打開了箱子，成功拿到了玩具。所以榜樣的作用是不可替代的，榜樣就像一面鏡子，可以使我們正確地調整自己。我們身邊不缺優秀的人，學會向他們看齊並且超越他們，是戰勝挫折的重要因素。

接受被拒絕

「我從來沒有得到過別人的認可,不管我做什麼,我總是會被別人拒絕。學測的時候,沒有收到心儀的學校的通知書,去了一個自己不是那麼滿意的學校;畢業之後,面試了 3 家公司,也沒有收到心儀公司的 offer;遇上自己喜歡的女孩也是,好不容易鼓起勇氣表白了,但是表白被拒。我不明白為什麼被拒絕的總是我,而不是別人,難道我就這麼差勁,沒人喜歡我,沒有公司要我。想了很久,我果然是一個沒有能力、沒有才華又不幽默的人吧!」一個諮商者對我說。

我的一個朋友有著相似的經歷,她透過朋友介紹認識了一位男士,兩人素未謀面,但是聊得頗為投機。於是兩人約好幾天後見面。見面之後,男士就告訴我的朋友,以後不要再見面了,他們不合適。我的朋友被拒絕了,然後她打電話向另一個朋友傾訴,電話裡面她的朋友告訴她:「那妳還想怎樣,妳又矮又胖,皮膚也黑,見面也不敢跟人講話,被拒絕是應該的,換個人看到妳,也會這麼做的……」其實這番話,也是我的朋友的內心獨白。

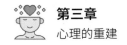
▌被拒絕意味著什麼

當我們被拒絕的時候，我們就會想起以前犯的錯，甚至放大那些過錯，對自己說，我當時要是不那樣就好了等等。想必大家都應該有這樣的經歷，但是深究其原因，其實是我們的自尊心受到了傷害，那為何我們還會進一步去傷害自己呢？因為我們被傷害的同時，還會認為自己就是一個很失敗的人，或者自己有什麼不好的地方等等。更甚的是在被拒絕之後，我們會選擇逃避，避免和別人交流。但是面對被拒絕，最關鍵的就是：解釋和交流。

▌在被拒絕很多次之後，你可以學到什麼

如果有興趣的話，讀者可以做一個這樣的實驗，在接下來的 100 天裡，每天都找一個別人會拒絕你的理由，讓別人拒絕你，這叫被拒絕療法。一個簡單的原理就是，使用心理學的系統減敏技術，當你被拒絕多次之後，你對拒絕就會麻木了，此後你就不會對拒絕產生恐懼了。

人們都不喜歡被拒絕，試想一個這樣的情景，你想把你的花種在鄰居的花園裡面，但鄰居拒絕了你，如果不問為什麼，你可能會想，他是不是不喜歡你，你是不是哪裡做得不好；但是，如果你沒有轉頭就走呢？而是問他，「為什麼呢」？這個時候答案還是和你所認為的一樣嗎？很可能不是

的，實際上是因為鄰居的狗會刨土，所以鄰居才不讓你把花種在他的院子裡面，並且他還告訴你，他喜歡養花的人。

　　所以，當你被拒絕的時候，要學會提問，了解被拒絕的真正原因，不要逃避被拒絕的尷尬，而是接受。就像我們去面試，如果面試失敗了，不妨問一下面試官為什麼自己沒有被錄取，從而有針對性地做出改變，這也是我們提升自己的有效方式。所以，面對拒絕，不要逃避、不要害怕，試著去擁抱它。提出請求其實並不難，只要能夠堅持下去，我們就會得到我們想要的東西。

情緒是把雙刃劍

　　一位來訪者對我說：「老師，我真的很討厭我自己，每次做一些決策的時候，我總是會想得十分悲觀，甚至連我室友都受不了我了。他們總說我說的話很影響別人的情緒，我也不知道如何是好，但是我覺得看待事情要做最壞的打算，這樣並沒有什麼不好。但是我這個人的確很容易情緒化，並且還會把這種情緒傳遞給別人，我覺得特別不好。因為一點點小事情，我就很容易生氣，寢室裡面大家不掃地我會不高興，然後我就會唸他們，但是他們還是不掃，我看不下去了，就會把地掃了，但是我掃了之後，又會十分後悔，我當時就不應該去掃地的，然後我就越想越不高興。甚至我會想到不僅僅是掃地，有時候他們玩遊戲還特別吵，小組作業的時候也不積極參與，我真的是受不了他們，然後就會越想越煩，甚至會傷及無辜。我知道這樣是不對的，但是我總是會因為這些小事感到煩躁，甚至還會十分焦慮。一旦焦慮，我就會暴走，別人怎麼拉都拉不住，為此我也很苦惱，每天生活在這樣的情緒之中，不知道該如何是好。」

▎關於情緒

大多數人對於情緒的認知往往是片面的，並且很多人認為有情緒不是一件好事。當我們面對某些事情的時候，我們特別容易情緒失控，一些脾氣比較衝動的人可能會音量突然提高，或者是走路的速度突然變快，甚至有些人嘴上會罵罵咧咧，也許他們還會眉頭緊鎖，怒容滿面。當然最糟糕的就是當他們情緒激動的時候，會做出不理智的行為。

我們常常說要控制好自己的情緒，不能讓情緒影響自己的工作，彷彿大家都認為情緒不是一個好東西。但是對於另一群人來說彷彿就沒有什麼情緒，別人對他們的評價就是「平淡」，貌似這個世界上沒有什麼可以引起他們情緒波動的東西，在他們身上很難看到我們所說的七情六慾。但是這樣就會產生一些誤解，因為他們不會表達，因為他們只是態度冷淡，所以別人會認為他們是不好相處的人，於是人們就漸漸遠離這樣的人。但這類人其實是很痛苦的，他們也想要有朋友，只是苦於不知道怎樣表達自己，所以造成了彼此之間的誤會，不僅僅在人際交往的過程中，在感情生活中也同樣如此。

情緒這個詞在心理學領域並不鮮見，我們可以看到很多關於情緒的研究，為什麼這個看起來並不起眼的詞彙，會給我們的生活帶來如此大的影響？這是一個很有趣的話題，情

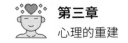
緒對於我們的生活十分重要，它的功能十分強大。首先，情緒有生存的功能。一個不會說話的嬰兒怎樣告訴他的撫養者，他現在想要喝奶呢？答案就是透過哭泣，嬰兒的撫養者就是透過觀察嬰兒的情緒為他提供生存的條件，滿足他的需要，這就是情緒的生存功能。其次，情緒還有動機功能。當我們開心的時候，是不是會覺得更加有動力去做某件事情；如果我們覺得沮喪時，那麼可能我們這一段時間的工作狀態都不好。最後，情緒具有組織功能。當我們心情舒暢的時候，我們就會注意到更多美好的事物。最常見的一個體驗就是，當我們心情好的時候，坐在公車上，都會覺得窗外的人、事、物，一切都是那麼美好。我們還會透過情緒將訊息傳達給別人，因此情緒還具有社交和溝通的功能。所以，總結下來，情緒對於人類和人類社會都是十分重要的，是必不可少的。

如何構建自己的積極情緒

現代關於情緒的研究，最受大眾認可的要屬認知理論了。在這裡，我們用比較通俗的語言給大家解釋一下認知理論，認知學派把人看作一個資訊加工者，認為人類有著自己內在的資源，這些資源是被他們內化的，同時人類可以利用這些資源和周圍環境發生相互作用。認知學派把人看作這樣

一個有機體，所以他們不強調環境這些外部因素對人的作用，而是強調一個人如何看待事物。舉個簡單的關於認知的例子，當我們看見一隻狗的時候，不是這隻狗使我們感到害怕，而是我們看到這隻狗，想起以前一些關於狗的事情，可能是好的，也可能是不好的，將當前的情況和過去的事情進行比較，如果兩者不匹配的話，我們的認知就會產生訊息，動員一系列生化和神經機制，釋放化學物質，改變大腦的神經活動狀態，使我們的身體適應當前情境的要求，這個時候情緒就會被喚醒，我們就會有不同的感受。

　　所以情緒是被建立起來的，你為什麼會覺察到不高興，是基於你過去的經驗，然後做出預測，你的大腦會根據相似的情境，採用過去的經驗，試著去建構它的意義。當我們去解讀別人的情緒，其實也有一部分是來自我們自己的經驗。舉個簡單的例子，當我們走進一家麵包店，聞到剛出爐的新鮮的烤餅乾味道時，我們的大腦會做出預測，如果這個預測被證實，那麼我們的大腦會促進一系列生理反應的變化，比如攪動我們的胃，產生飢餓感，並且會以一種愉快的方式吃掉這些餅乾。但是當同樣的生理反應在不同的環境下出現的時候，比如我們現在在一家醫院，同樣是胃攪動，但是我們產生的卻是不舒服的感覺，這證明了情緒是透過認知建立起來的。所以反過來想，如果我們能改變這些經驗，那麼這些

經驗就會影響我們的情緒。

我們要學會的是如何累積豐富的經驗，建構積極的情緒。因此，要用不同的方式去建立我們的經驗，而不是僅僅局限於一種，比如每天早上醒來，想一下一天中那些美好的事情，今天有一個約會，晚上要去吃好吃的，樓下那家蛋糕店最近在特賣，我又可以省下一大筆錢等等，以此激發積極的情緒。試著每天堅持練習，在每個事件上構建自己的積極情緒，隨著練習次數的增加，這種有意識地將情緒變得積極的過程會慢慢地變成一種自動化的加工，即使是在我們面對很負面的情緒的時候，也能自然而然地變得積極起來，甚至對於我們來說，積極樂觀已經成為我們的一種人格特質了。

提升情緒控制力

A 先生說：「不知道為什麼，大家都說我是一個很冷漠的人，說我沒有感情，說我面無表情，跟我在一起很無聊，一點樂趣也沒有。有時候別人跟我講他比較難過的事情的時候，我其實很多時候都不知所措，不知道該怎麼去安慰他，也不知道該用什麼樣的方式安慰他，並且我還經常說錯話，所以大家也漸漸不跟我聊天了。我想我的共情能力是真的很差吧，或許我就只適合一個人，不適合與人相處。」

B 先生說：「我是一個不太會看別人臉色的人，好多時候我都不能理解這個人為什麼要哭或者是為什麼要笑。我也不能在適當的時候，表達出正確的情緒，明明別人已經不想討論這個問題了，但是我就是察覺不到別人的情緒，還一個勁兒地在那邊說。所以我總是會被別人認為很自私，只為自己著想，不為別人著想。有時候我還控制不住自己的情緒，把情緒全部都會寫在臉上，只要別人有一句話讓我覺得很不舒服，我就會很生氣，然後用語言或者行動攻擊他，對別人造成了傷害之後，我又很後悔，但是我就是無法控制自己，一直不知道該怎麼辦才好……」

情緒智力

　　EQ 代表了一個人情緒智力的指數。情緒智力,在心理學上是可以精確地知覺、評估和表達情緒的能力以及對情緒的自我調節能力。其實簡單來說,第一,我們可以準確地識別別人或者是自己正處於一種什麼樣的情緒之中。我們可以透過他人的語言、聲音或者是行為來判斷他人此刻處於一種什麼樣的情緒之中,也可以關注自己當下的感受,識別自己的情緒。EQ還包括正確表達情緒的能力,而不是像某些歇斯底里症患者,出現情感倒錯(parathymia)的行為。情感倒錯可以解釋為,當一個人聽到親人離世的消息,本來應該是悲傷的,但是卻表現出開心,這就是情感倒錯。第二,當處於不同情緒狀態的時候,可以針對特定的狀態採用特定的解決辦法。第三,可以分析情緒背後所隱含的意義,比如有時候我們雖然不開心,但臉上卻是開心的表情,情緒智力就是可以理解這種複雜感情的能力。第四,就是在面對負面情緒的時候我們可以控制負面情緒,降低情緒帶來的消極影響,增強積極情緒,也就是調節自己情緒的能力,以一種積極樂觀的心態面對各種問題。

如何提高自己的情緒智力

◆ 第一,情緒覺察

　　情緒對於我們來說其實並不是一件壞事,它可以幫助我們自我覺察,當我們能自我覺察的時候,我們就可以自我

反思。在心理諮商過程中，有一種諮商方法叫做「此時此刻」。「此時此刻」的含義通俗來講，就是明白當下發生了什麼樣的事情，關注當下的感受，從感受中獲取訊息。其實不僅僅是在心理諮商過程中，我們自己也可以隨時隨地運用心理諮商中的「此時此地」，當我們能夠準確覺察到自己情緒的時候，並且學會了如何調整，那麼這個時候我們離個性的成熟就非常近了。

在這裡有一個很好的自我調節的方法，叫做正念。正念最早的時候是來源於「禪修」，指的是當我們把注意力放在當下的時候，會產生某種意識狀態，這個時候要不加評判地對待「此時此刻」的各種經歷和體驗，簡單來說就是深入地感受，有意識地覺察自己所有的行為和狀態。最常見的就是觀察呼吸，也就是說當我們在呼吸的時候，有意識地觀察自己「此時此刻」是怎樣呼吸的，將空氣吸入肺裡面的時候，慢慢感受這些空氣進入肺裡面，進入肺泡之後是一種什麼樣的體驗，然後慢慢地將進入身體的空氣排出，注意它流經我們身體的哪些部分，慢慢地呼出來，吸氣、吐氣，漸漸放慢自己的呼吸速度和頻率，迴圈幾次，再睜眼……你可以試試這樣的方法，這裡僅僅是粗略地說了一下而已，想要了解更多的朋友可以去了解一下 ACT（接受與承諾療法），相信你會收穫很多。

◆ 第二，學會轉移注意力

當我們有負面情緒的時候，可以把注意力轉到其他地方，同時將情緒轉移出去。你可以選擇感覺最舒服的方式，如果你的情緒是壓抑的，就需要找一個地方，把這種壓抑的內心感受吼出來；如果你的情緒處於一種比較暴躁的狀態，那就需要把這種暴躁的情緒疏導出去，或者是把這種暴躁的感受向外宣洩，你可以瘋狂打字，也可以拿出廢棄的紙張，然後把它撕碎，還可以找一個沙袋，拚命地打擊等等，這些都是發洩情緒的方式。

◆ 第三，假裝微笑

心理學上有一個實驗，實驗的大致過程是這樣的，策劃者找來一批人，要這批人假裝自己很開心，而另一批人假裝自己不開心，一段時間之後問兩組人的感受。實驗結果顯示，假裝自己開心的人會真的感到開心，原因是生理上的開心會在一定程度上使我們感受到心理層面的開心。所以，假裝微笑不失為一種控制情緒的辦法。

◆ 第四，深呼吸

這是一種最簡單的方法，透過深呼吸讓自己的情緒平靜下來，穩定自己的情緒。

樂觀的生活並不難

故事 A

　　我是一名應屆畢業生，是一所師範大學畢業的數學老師，但是畢業後的工作我並不滿意。

　　第一，我所在的學校在全縣裡面排名是最靠後的。

　　第二，這所學校的教學品質很差，聽說是為了安置鄉下地區的子女而建的。

　　第三，這所學校的學生都不聰明，有時候我需要花很多時間去講解一個簡單的知識點。

　　第四，這所學校的薪資待遇不好。

　　第五，這所學校的老師特別喜歡跟新老師傳播負能量。

　　……

　　那請問，這所學校有沒有讓你滿意的地方呢？

　　回答：沒有讓我十分滿意的，我覺得這所學校糟透了。

　　然後又開始重複說這所學校的不好……

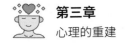

故事 B

　　有一位教授是研究快樂的，英國某個十分有名的寄宿學校想要請這位教授為他們進行一次演講。教授問他們，你們會對孩子們進行安全教育嗎？學校回答：「噢，是的，我們每天都在做，週一是禁毒教育，週二是性侵教育，週三是遊戲成癮，週四是校園暴力，週五是自然災害的防治。」教授聽了之後，說了一句話：「看來你們還真得請我去為你們演講了。」

　　顯而易見，不管是讀書還是工作，我們身邊總是會有負能量的存在，而少了兩個字 ——「快樂」。從什麼時候起我們變得不再積極了呢？我還記得自己畢業後參加了工作，一位多年不見的老友見我的第一句話就是：「你怎麼成了這個樣子？」說實話，其實我沒有發覺，自己彷彿一瞬間成熟了很多、老了很多，同時也消極了很多，好像失去了讀書時候的朝氣。我想起了高中時候的英語老師，她唯一給我印象比較深刻的是，不管是上課還是下課，總是板著一張臉，一到下課，即使課程沒有講完，也是立刻就走。班上沒有幾個同學喜歡她，因為她總是帶著負面情緒上課。她也曾經告訴過我們，她是不想來這個地方當老師的，如果不是因為父母的關係，她是堅決不會來的。

難道我們注定成為一個悲觀主義者嗎

桌上放了半瓶水，悲觀主義者說：「啊，只剩下半杯水了。」樂觀主義者說：「啊！還有半杯水呢。」同樣是一杯水，一個人在損失框架下思考，一個人在獲得框架下思考，得出來的結論卻是不一樣的。有一個著名的經濟學理論叫做框架效果（framing effect），就是面對損失和收益，我們更關注損失，或者我們把它叫做「失敗」，而不是更關注收益，或者我們把它叫做「成功」。這是我們的思維方式。

我們不僅僅更關注損失，並且十分容易被損失框架影響。以經濟危機為例，經濟危機持續的時間十分長，但是總會有好轉的一天。根據對公眾的調查顯示，經歷過經濟低谷期的人，即使經濟從數據上來看是真的好轉了，但是人們也不願意相信經濟形勢是真的像數據所顯示的那樣。因此，損失框架會影響我們的思維方式，甚至左右做出決策。這種思維方式會給我們帶來很多痛苦，使我們看待問題不再積極，消極的情緒影響著我們的行為、人際關係等。所以，我們應該更加關注「快樂」，追求「幸福」。

在心理學領域，正向心理學是近年來才開始發展的流派，它關注人本身以及人類的幸福。快樂和幸福是正向心理學兩個重要的概念：

「快樂」這個詞語大家都不陌生，每個人都希望自己是

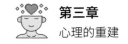
快樂的、幸福的，很多人為了追求這樣的目標而不斷努力。
人們往往會認為快樂產生於發生某件事的時候，體驗感最強
的時候以及結束體驗的時候，而不是整個過程的體驗。比如
你看一部喜劇片，如果有一刻是十分好笑的，你會覺得這部
影片是十分有趣的。同時我們也存在對於快樂的估計偏差，
很多人會認為我們對快樂的感覺會持續很久，但是它並沒有
我們想像中的那麼久。

心流（flow），它是人們高度參與某些活動時所伴隨的一
種心理狀態。比如一個作家在創作某部作品的時候，會廢寢
忘食，高度專注在這件事上面。處於這樣一種狀態的時候，
個體會覺得時間過得非常快。快樂的時候你會感覺自己是快
樂的，但是心流則不同，當你全身心投入一件事的時候，也
就是說處於心流狀態中的人是沒有感情意識的。我們之所以
會把心流描述得十分快樂，是因為我們事後的判斷，在活動
過程中快樂其實並沒有表現出來。

如何才能製造幸福

◆ 第一，利用你的風趣和幽默以及頭腦，學會設計美好的一天

當我們去設計的時候，我們的大腦中會想像這樣的場
景，這無疑是一種積極的呈現。留給自己一個美好的星期六
或者星期天，做你能想像到的美好的事情。

◆ **第二，感恩訪問**

　　每個人都可以做這樣一個感恩訪問，你可以盡情地回憶，尋找腦中那個值得感激的人，這個人最好是健在的。當你確定了這個人之後，請你寫一封信，如果你有足夠的勇氣，也可以進行登門拜訪，然後讀給你想感謝的人聽。不要覺得奇怪，這一定是一個熱淚盈眶的場景，並且日後回想起來，你也會認為這是一件美好的事情。

◆ **第三，優勢約會**

　　透過這樣的方式可以讓彼此進行優勢對話，而不是圍繞自己的劣勢。沒有人永遠是失敗者，也沒有人身上全是缺點，每個人身上都會有自己的優勢。當我們遇到自己心儀的異性的時候，用我們的優勢跟他對話，如果你不善交際，那就選擇傾聽，請不要自卑。

◆ **第四，參與慈善**

　　當我們參與一些慈善活動的時候，會感到自己也為這個社會獻出了一分力量，會感受到自己是有價值的。這也就是為什麼社會參與感對一個人來說十分重要的原因。

◆ **第五，寫下三件好事**

　　我們在每天快要結束的時候，晚飯或者睡覺前，寫下這三件好事，同時回答這樣一個問題：「為什麼會發生這樣的好事呢？」比如你的伴侶買了一支冰淇淋給你，「是因為我

的伴侶很在乎我，知道我想吃，或者是我讓他買他就買了，
因為他很聽我的話」等等。

　　以上這些方法都可以提高我們的幸福感。

什麼是 PTSD

　　PTSD 這個詞大家會覺得陌生，但是談到與之相關的故事，或許大家就都不覺得陌生了。1999 年的九二一大地震，雖然已經過去二十幾年了，時間可以沖淡很多東西，但是對於一些人來說，那是他們永遠也無法抹去的痛苦記憶。我曾經參加一個抗震救災的討論會，大會雲集了很多來自海內外的心理學「大咖」，從他們的口中，我聽到了這樣一個故事：

　　一個小女孩，在被困四天四夜零五個小時之後，被國軍救了出來，十分幸運。小女孩並沒有受很嚴重的傷，因為她是被她的父親用手和腳作為支撐，圍在自己的保護傘之下的，所以小女孩才沒有受太大傷害。遺憾的是她失去了父母。雖然身體沒有受傷，但是心受傷了，在小女孩被救出來之後，她一句話都沒有說，兩眼無神，只要一關燈，她就會尖叫，並且重複叫著「爸爸媽媽」，她甚至會鑽到已經是屍體的父親的懷中，只有在那裡，她才會得到一絲絲的安心。每天晚上她都經歷著地震的噩夢，她的耳邊會響起父母的呼喊聲，她的腦海中會浮現前一秒他們還在幸福地準備吃飯，下一秒就回到了地震的場景中，這種突如其來的轉變，使她十

分痛苦，她甚至還會想到父親那個時候被上面的磚瓦、水泥以及鋼筋混凝土所壓垮的猙獰面孔，這一幕幕都出現在她的眼前，是那麼清晰。有時候小女孩只要聽到一點點聲響，就會十分警覺，生怕會發生什麼一樣，所有的專家和救援人員都十分心疼她。

類似的情況不僅發生在自然災害中，也發生在殘酷的戰爭中。那些曾經參加過戰爭的士兵，在回到和平年代之後，不知道自己該做些什麼，有些人甚至每天拿著槍，自言自語；一些體驗過失去自己戰友、看著戰友陣亡的士兵，每天都活在看到他戰友倒下的那一刻的情景之中，無法擺脫這樣的痛苦。

PTSD 的產生

我們把這種心理障礙叫做「創傷後壓力症」，英文縮寫PTSD（posttraumatic stress disorder）。一般來說，一個人在經歷過強烈的精神壓力之後（壓力是一種情緒狀態，指的是當人面臨某種突發事件時候的一種情緒反應，這個時候我們會產生一些生物學上的變化，比如呼吸急促等等），也就是遭受創傷之後會出現一種壓力症，主要表現為過去那些遭受過的創傷體驗在當事人的夢境重現，或者在他發呆的時候出現在腦海中，有時候當事人看到類似的情景的時候，就會想

起那個時候極度痛苦的體驗。高度的焦慮對人們的生活產生影響，更為嚴重的是，當事人可能會喪失那段時間的記憶，這表示他對於這個創傷出現了迴避。

用專業的學術語言來概括，我們可以將 PTSD 解釋為，由於一種十分異常的或者具威脅性的心理創傷而導致延遲或者長期持續的心理障礙，主要表現為病理性表現、噩夢驚醒、警覺性持續提高和迴避。所以一般來說，PTSD 出現在某種重大災難之後，比如九二一大地震或者是某些自然災害發生後，有時候至親的人突然離去也會導致其發生，或者是我們小時候在游泳池差點溺水，從此以後我們就再也不敢接近游泳池了，甚至可能會惡化到一旦我們碰到水，就會想起那種窒息的感覺，這無疑會給我們的生活帶來很多困擾。如果是已經惡化到這種程度，求助諮商心理師或者是身心科醫師都是十分必要的。

如何調節

◆ 第一，保持樂觀

記得 2008 年的時候，作為一名心理服務者，我去中國參加汶川抗震救災，四川人民的樂觀給我留下十分深刻的印象。記得那個時候已經接近救援的尾聲了，剩下的工作就是災後重建和心理輔導，雖然大多數人還是沉浸在自己的親人

離去或者是自己失去了身體的一部分以及家園的痛苦中，但一些遭受同樣痛苦的人舉辦起了打麻將的活動。當時災區還有很多日本學者，他們都驚訝於四川人民的樂觀，要知道日本也是一個地震頻發的國家。我也覺得很奇怪，明明都已經這樣了，為什麼他們還能打起麻將？但是透過觀察，我發現打麻將對於災區人民來說是一種很好的調節自己心境的方式，「現在已經這樣了啊，還不如打麻將開心一下」。更為重要的是，這個活動帶動了許多人，本來大家打麻將是純屬娛樂，將其作為一種調節心境的方式，說不定是一種新的嘗試。

◆ 第二，心理危機干預

心理危機干預主要指的是幫助處於心理危機狀態下的個體擺脫困境，戰勝危機的過程。當危機發生的時候，我們要做的不是放任不管，而是需要積極地尋求幫助。

上癮了怎麼辦

　　我之前看過一本書，很多人應該都看過，就是中國作家余華的《活著》，裡面講述的是福貴一家的故事。看了之後，讀者對於人的堅強和偉大又有了新的認識，同時也為自己感到慚愧，別人都是很堅強地在生活著，自己卻在這裡自怨自艾，在面對挫折的時候瞬間充滿的動力。該書大致講述的是一個富二代因為賭博失去自己家族一切財產的故事，但最後所有人都死了，他的父親、母親、女兒、女婿、兒子、媳婦、兄弟、外孫，只留下福貴和他的一頭牛在這世上活著。

　　看起來所有悲劇的罪魁禍首都是因為賭博引起的。我突然想起有一個來訪者跟我說，她說因為她的賭博行為，她老公要和她離婚。這個來訪者三次參與線上賭博，一共輸了 100 萬，這一次離婚是她第三次賭博被騙，她老公受不了了，所以提出了離婚。

　　當時她是這樣跟我描述她的賭博過程的：「這個東西有了第一次，就會有第二次，然後就會有無數次，就像我身體裡面有癮一樣。在接觸這個之前，我本是一個全職太太，很

想出去工作,很想去賺錢,但是我沒辦法賺錢。某天,我收到一封簡訊,是關於網路彩票的,當時沒想太多,就點擊了進去,於是就踏上了不歸路。前一兩個星期,我賺了有 5 萬多,我感到很興奮,還想要賺更多的錢,但是後來也不知道為什麼就一直輸,直到我老公發現,那時候我已經欠了 15 萬塊了。但是老公幫我還了債,讓我不要參與這樣的賭博,我也做了保證。顯然,我說的話都是空頭支票,沒多久,我又開始參與線上賭博,第二次被騙了 45 萬元,第三次被騙了50 萬。每一次都是想翻本回來,自己覺得不行,一定要翻本回來,就好像有種一定要贏回來的欲望,這種盲目的自信我也不知道從哪裡來的。剛開始的時候我是有賺的,所以我想我還是會賺的,我帶著這樣的想法去參與賭博。現在我爸媽都不管我了,我老公也要跟我離婚,還不讓我見女兒。我覺得所有人都拋棄我了,我不知道該去哪裡了?」

贏了的人會賭,輸了的人還是會賭

人為什麼會賭博呢?背後究竟有什麼原因呢?對於賭博的行為我們可以簡單地解釋為,贏了錢的人還想贏,輸了錢的人想要繼續翻本,這就是為什麼人們一旦參與賭博,很快就會上癮的原因。用心理學的理論來解釋,就是康納曼等人提出的關於決策的前景理論。前景理論的基本觀點之一是,

我們大多數人在面臨獲得的時候，都是「風險規避」的，也就是說在我們獲得一樣東西的時候，行為會偏保守一點。這就可以解釋，為何有些人在贏了錢之後，就想要結束這個賭局，然後離開賭場，這就是風險規避。當然，賭博的人之後還會繼續參與賭博，為了更大的收益。

然而在面臨損失的時候，人們是「風險偏好」的，也就是說，人們一旦遭受損失，所做出的決策會更加冒險，這就是風險偏好。這就可以解釋，為何有些人即使是輸了錢，還是會繼續賭博，因為他們總想贏回來，覺得他們也能翻盤，即使是在這樣的高風險下，他們還是會選擇繼續賭博，最後就落個滿盤皆輸的下場。

當我們面對賭博，應該怎麼辦

◆ 第一，使用系統減敏療法

這種療法我們可以用「潤物細無聲」來形容，舉個簡單的例子，一個人懼高，我們可以讓他站在一座具有一定高度的山峰上，比如 200 公尺，下一次就讓他站在 300 公尺的高峰上，再下一次就是 400 公尺，慢慢地一次次遞增。基本的理念就是透過逐步增加一定高度，直到最後達到我們想讓他達到的那個高度，這樣他的懼高也就解決了，這就是系統減敏。用到賭博上就是，如果一個人嗜好賭博，那就讓他第一

次堅持 1 週不賭博，第二次堅持 2 週，第三次堅持 1 個月……慢慢改掉賭博的習慣。

◆ 第二，多次製造高峰經驗

什麼是高峰經驗（peak experience）呢？高峰經驗簡單來講，就是當一個人做一件事的時候，他能將這件事做到極致，多次做到極致之後，他便不想做這件事了，因為這件事對他來講已經沒有任何意義了。就像 1990 年代的很多香港電影中賭神最後都退出了江湖，因為找不到對手，他們每次都能贏，所以，他們漸漸地對賭博失去了興趣。但是這樣的人畢竟是少數，因此，我們可以在生活中製造這樣的賭局。當一個人想要賭博的時候，選擇和一些新手對賭，同時不能涉及金錢，由於每次都能贏，毫無挑戰性，漸漸地，他就會對賭博失去興趣。

◆ 第三，難以承受的代價

如果一個人因為賭博付出沉重的代價，這個代價對於當事人來說，難以承受的話，有助於他戒賭。那就請賭博者想一想自己的家人、自己的後代，如果自己都垮了，那他們又該怎麼辦呢？這是當事人要思考的問題。賭博者還應該思考以下幾個問題：「五年後的我是什麼樣的？還是現在這樣嗎？」「十年後的我是什麼樣的？還是現在這樣嗎？」「二十

年後呢?」「三十年後呢?」……不斷問自己類似的問題,
透過這樣的提問方式,了解自己,以發展的眼光看待自己,
染上賭癮不過是人生中的一次波折而已,沒什麼大不了的。

憂鬱症究竟有多可怕

現在很多人聽到憂鬱症這個詞，都會和死亡連繫在一起，近年來很多明星自殺的一個共同原因就是憂鬱症。憂鬱症引發了很多人的思考，憂鬱症已經使人們產生深深的恐懼了。

而這樣的恐懼會導致的一個結果就是，一旦有人聽說自己身邊的人得了憂鬱症，大家都會敬而遠之。因為誰都不想你的某一句話可能就會傷害到某個患有憂鬱症的人。其實這是一種對憂鬱症的偏見。因此，有必要讓大家真正了解憂鬱症。憂鬱症不是不可治癒的，雖然調查顯示憂鬱症的死亡率非常高，但是那也不意味著我們就應該恐懼它，對憂鬱症患者唯恐避之不及。他們在患上憂鬱症之前並不是這樣的，而是和我們一樣的正常人。那麼，憂鬱症究竟是什麼問題造成的呢？

▎是什麼使我們憂鬱

一旦涉及憂鬱症這個問題的時候，很多人會說，可能是因為遭遇了什麼事情，才導致憂鬱的，一些人急切地尋找原

因，卻又無法完全還原事情的真相。如果是這樣的話，就會忽略很多其他因素，導致憂鬱的原因有以下幾個：

首先，是遺傳因素。基因是一種神奇的力量，正是因為基因，才形成了我們現在的模樣，我們在多大程度上與父母相似，就是取決於基因。此外，基因還會影響我們自身的很多方面，比如人格、能力，甚至是我們以後可能患上憂鬱症的機率。這裡可以以精神疾病的遺傳因素來做參考，根據醫療機構的調查，精神疾病具有家族遺傳史，如果一個人的父母患有某種精神疾病，那麼這個人患上精神疾病的可能性也會高於正常人。憂鬱症的發生具有重要的遺傳基礎，其遺傳率為 24%～ 55%。

其次，是環境因素。環境又分為社會環境、生活環境和家庭環境，不同的環境對人產生不同程度的影響。在這裡我們只談和自己生活息息相關的因素，那就是我們的生活環境。憂鬱症並不是說突然有一天就發生了，而是一個長期累積的過程。大量研究顯示，負性事件會對青少年早期憂鬱產生影響，青少年早期憂鬱的發生的確存在基因和環境因素的複雜交互機制（但是並不是所有的人經歷了負性事件之後就會憂鬱，一些人反倒可以從這樣的事件中讓自己得到進一步昇華）。

一般來說，現在主要的憂鬱族群還是 18 歲以後的成年

人，因為我們會隨著年齡的增長經歷更多負性事件，不管是生活、戀愛、課業，負性事件總是存在。我相信，很多藝人都經歷過來自網路暴力的傷害，許多明星患上憂鬱症甚至自殺，網路暴力有著迴避不了的責任。在這個「鍵盤俠」、「酸民」橫行的年代，人們已經忘記了人性中也有善良的一面，留下的只有醜陋和殘忍，至少在他們躲在電腦螢幕後面用鍵盤敲打出那些中傷別人的話的時候是這樣。

面對憂鬱症，我們應該做些什麼

◆ 第一，將憂鬱症消滅在萌芽狀態

父母的教養方式對於青少年早期憂鬱有重要影響，但是這樣的影響又建立在不同的遺傳基因上，其中還存在著性別差異。父親積極或者消極的教養方式影響著男孩，而母親積極或者消極的教養方式則影響著女孩。負性事件的影響是巨大的，但是人自身的力量也不可小覷。透過自身的努力，強化心理素養，培養積極樂觀的思維方式，我們可以消除負性事件的影響，把憂鬱症消除在萌芽狀態。

◆ 第二，不能將正常的憂鬱誤解為憂鬱症

很多時候我們經歷了某個負性事件，感受到自己心情低落，也許很長一段時間心情都無法改善，我們就會以為自己得了憂鬱症，這也是很多人對憂鬱的誤解。雖然憂鬱不等於

憂鬱症，但它有可能是一個信號。憂鬱症在 ICD-10 中的定義是，它屬於心境障礙中的一種，憂鬱症又被稱為憂鬱發作。主要表現為情緒低落、思維遲緩、意志活動減退的「三低」症狀。目前認為憂鬱的核心症狀包括情緒低落、興趣缺乏和快感缺失，可能伴有軀體症狀、自殺觀念和行為等。發作應至少持續兩週，並且不同程度地損害社會功能，給本人造成痛苦或其他不良後果。憂鬱可能一生僅發作一次，也可能反覆發作。

也就是說，一個憂鬱症患者在一段很長的時間內，最低是兩週乃至更長的時間都處於一種情緒十分低落，不管做什麼事情都沒有辦法讓他的情緒高漲起來。程度輕一點的，即使在憂鬱的時候還是能夠繼續工作和學習；憂鬱程度一旦變得嚴重，就會表現為不想工作、什麼都不想做，每天就把自己關在家裡面，彷彿對一切都失去了興趣。憂鬱症大多數都會伴隨失眠，如果長時間處於這樣的狀況，可能會導致自殺行為。

所以，當我們覺察到自己長時間處於憂鬱狀態的時候，可以選擇在權威的網站上進行測試。有一個憂鬱量表，英文縮寫是 SDS（self-rating depression scale）。但是要注意的是，量表的解釋一定要請專業人士做，我們可以尋求諮商心理師的幫助，根據評分標準判斷自己最近的狀態，進一步尋求專業人士的幫助，這是保護自己心理健康的有效方法。

◆ 第三，減少情緒習慣化

　　目前許多學者都很關注動態情緒對心理健康的作用。習慣化（habituation）指的是，反覆出現一個刺激的時候，我們對這個刺激的心理反應就會逐漸減弱，這個概念最早應用於對嬰兒的研究。舉一個簡單的例子，假設我們買了一部新手機，剛開始我們十分興奮，並且非常愛惜新的手機，隨著接觸的次數越來越多，我們對它的興趣就下降了，甚至都不如之前那樣愛惜了。基於此，研究者發現，很多憂鬱個體會更加容易發生情緒習慣化，換而言之，就是他們對於積極情緒的感知比常人更低，比常人更加容易消退，也就是說更加容易習慣化。

　　所以，為了防止情緒習慣化的形成，我們可以增加情緒的多樣性，也就是說，讓自己的情緒體驗豐富起來，不要只給自己製造單一的情緒，除了快樂、痛苦，還可以有驕傲、自豪等等，同時還有十分重要的一點就是促進情緒的意義培養，幫助別人、挑戰自我、實現自己價值所產生的情緒比只是單純獲得快樂情緒持續更久，這樣可以促進個體的意義實現，並且這種情緒對於憂鬱症患者來說更加不容易習慣化。根據這一點可知，積極地幫助他人、參加慈善捐贈、時常表達自己的感激等行動，都可以增加我們的積極情緒。

告別拖延症

「我有十分嚴重的拖延症，我不像其他同學那樣，總是能夠在老師要求的時間內完成自己的任務，很多時候都是截止日期前一天，才把該做的作業做完，而不是提前做好，所以這就導致我的作業品質不如別人好，而且總是會受到老師的責備，為此我很煩惱。我想要找到一些可以改變自己拖延的方法，當我搜索如何緩解自己的拖延，得到的答案大多是你要有自制力，你需要每天設定一個目標，然後每天完成它等等。如果真的這麼容易就能改變自己的拖延，我覺得應該就不需要『自制力』相關的書了，我想起我大學寢室裡面幾乎人人都有這樣一本書，但是從來都沒人認真地看過。

不然就死馬當作活馬醫吧，我心裡面這樣想。於是按照網路上的指示，替自己設定了目標，遺憾的是，依舊沒有什麼用，和我的書一樣，它就是一個擺設。每次我想要去完成我的任務，但是不想做的時候，我就跟自己說，『明天做也沒關係的，我今天應該好好休息一下，不如看一會兒電視吧』，然後當天的任務就會推到第二天、第三天……直到某一天突然發現自己要交作業了，於是我又會開始懊悔。我為

什麼總是拖拖拖，我是個廢人，心裡面又開始想，要是我怎樣怎樣就好了，就這樣一直惡性循環下去……」

拖延是一種病

我們總是決定明天再開始做一些改變，比如：吃過這一頓之後，從明天開始我就要減肥了，然後一週過去了，連健身房都沒有去過一次；我們總是想在工作之前先玩 5 分鐘，然後 3 個小時就過去了。時間總是會在不經意間悄悄地溜走，我們就要為自己的拖延買單。為了改變拖延，我們替自己做了一個階梯式的計畫，分為三級，直到最後的截止日期，隨著時間過去，第一級最簡單、輕鬆的任務沒有完成，然後就堆到第二級，再堆到第三級，慢慢就到了截止日期。我們心想：「這下完蛋了，我的論文一個字都沒有動過，我可能沒有辦法畢業了。」（這是很多大學生的常態）我們的計畫總是形同虛設。跟一些不會拖延的人相比，為什麼拖延的人偏偏是這樣呢？我們的大腦究竟在想什麼呢？

我們的大腦是十分複雜的，不同的區域都有著不同的功能以及作用。事實上，在我們拖延的時候，我們大腦的不同區域在相互爭奪，就像辯論賽一樣。

前額葉皮質是我們大腦中發展得較為高級的一個區域，當它工作的時候，說明我們可能在做相對正確以及理智的事

情，我們就暫且將它叫做「理性決策人」。但是還有另外一個區域，也在悄悄地發生著一些變化，邊緣系統（limbic system）是我們大腦中比較原始的一部分，跟我們先天的本能有關，我們把它叫做「愛及時享樂的猴子」。

每當我們拖延的時候，我們大腦中會有兩個不一樣的「我」，一個是理性決策人，他告訴你此刻應該工作，放下你的手機，現在是最完美的工作時間，他知道對於我們來說什麼是正確的，怎樣做才是理性的。但是對於有拖延症的人來說，理性決策人總是不能戰勝他們腦中的猴子。因為從人類的祖先開始，就知道追求快樂，於是猴子會在你有這樣的需求的時候出現，追求本能的滿足和快樂是我們的一種原始需求，猴子總是能夠戰勝理性決策人。

當我們的理性決策人決定要做一些什麼的時候，猴子就會出現，然後告訴你：「現在還很早，不如我們來看一下最近 FB 有什麼有趣的新聞吧！」於是幾個小時過去了。理性決策人當然也覺察到這一點，但是面對「猴子」，他總是妥協。直到臨近截止日期的時候，我們的大腦中的杏仁核才會開始發生作用，杏仁核能夠產生一種恐懼的體驗，很像我們祖先遇到天敵的時候所產生的恐懼，也很像我們上課傳紙條的時候老師走過來所產生的恐懼，我們暫且把杏仁核叫做「驚恐怪」。所以當我們看到截止日期的時候，「驚恐怪」就

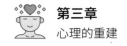
會告訴我們，「不能再這樣下去了，必須現在開始工作，否則你將會受到懲罰。」

所以，雖然我們總是拖延，但大多數人還是能在截止日期之前將工作做完的，這就是拖延症大腦裡面所發生的事情。

事實上，拖延又分為兩種，一種是有截止日期的拖延，另一種是沒有截止日期的拖延。「驚恐怪」只會在截止日期前出現，因此沒有截止日期的拖延才是最可怕的，因為總會有「猴子」在從中作梗，而「驚恐怪」是「猴子」最害怕的東西。

舉個簡單的例子，不知道大家是否有過這樣的體驗，本來你打算今天打一通電話給許久不聯絡的朋友，但不知道是什麼原因，你今天沒打，於是你告訴自己明天再打，結果就再也沒有打過電話，於是你和朋友的感情也越來越疏遠。因此，忘記維繫感情也是一種沒有截止日期的拖延，沒有截止日期的拖延才是最可怕的拖延。

為什麼大家總是覺得自己因為拖延而過得不好呢？為什麼我們總是後悔、感嘆自己以前不夠努力呢？也許正是因為我們沒有將拖延看作一個十分嚴重的問題，或者是沒有找到一種可以解決拖延症的辦法。

我們究竟該拿拖延症怎麼辦

◆ 第一，從現在開始就製作你的生命日曆

這是一個只為自己製作的日曆，可以以 80 歲為最後的期限，一個方框就代表一週，截止到 80 歲那天，算一算一共有多少週，可以拿一張紙將它畫出來，然後貼在自己每天可以看到的地方。同時還要替自己製作一條目標曲線，目標曲線簡單來說，是我們對未來的規劃。以 10 年或者 5 年為單位，以我們此刻的年齡為起點，比如你現在 20 歲，將來 30 歲的時候，你想要成為什麼樣的人；40 歲、50 歲、60 歲、70 歲、80 歲的時候又是怎樣的，寫上自己想要達到的目標。為了避免自己還是拖延，你需要一個見證人，這個見證人一定是你身邊隨時可以監督你的人，必要的時候，還需要對自己設置一些懲罰。透過這樣的方式，也許可以阻止「猴子」的搗蛋。

◆ 第二，強加限制，減少選擇

「想要克服拖延症，就得放棄選擇的自由」一位作家曾這樣說。雨果是一位偉大的作家，在他寫作的時候，他會赤身裸體，還會讓管家把他的衣服都藏起來，這樣他在寫作的時候就無法外出了。而現在是一個資訊時代，我們每天都可以從手機上獲得海量資訊，但也正是手機為我們提供了隨時都可以拖延的可能性。因為我們每天都會使用它，拖延就

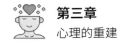

成為一件唾手可得的事情。所以,讓自己學習、工作時處於一個安靜的、簡單的環境,保證自己不被一些雜事分心。如果可以的話,使自己遠離網路,遠離手機,也是一個克服拖延的好辦法,當然這僅僅是從外部環境去改變自己的拖延而已。

◆ 第三,巧用想像的作用

想像有十分強大的作用,當我們難以自律的時候,當我們總是拖延的時候,我們可以適當地使用想像。想像可以讓我們預見自己的未來,增強讀書或者工作的動力。當我們拖延的時候,可以想像自己不按時完成任務會受到什麼樣的懲罰,以及如果及時完成了之後又會得到什麼樣的獎勵,兩種場景形成對比,就會引發我們的焦慮,為了消除這樣的焦慮,我們就會做出改變。同時,想像還有替代的作用,當我們看一部甜甜的戀愛劇的時候,女孩通常會把自己想像成女主,可以滿足我們在現實生活中無法得到滿足的需求。既然透過想像的方式可以使自己得到滿足,不妨想像如果自己不拖延了,很多事情就都會更加有效率地完成,我們就不會因為拖延而煩惱。

◆ 第四,讓做事情成為一種習慣

拖延的對立面是一種習慣,一旦一件事養成了習慣,我們不去做的話就會焦慮,所以改變拖延的辦法可以是讓做這

件事成為自己的習慣。但是要記住的是，要先藉助一些外力來使這件事成為習慣，然後將這種外部力量內化為自己的興趣，從中找到做這件事的樂趣。就像讀書一樣，剛開始是父母老師逼我們讀書，但是一旦我們透過讀書能夠解答之前無法解答的難題，並且取得了好成績，我們就會感受到讀書的快樂，此後不需要師長的監督我們也可以自己主動讀書，並且讓讀書成了一種習慣。但要形成這樣的習慣思維，有一個很重要的前提，就是我們要學會如何開始。要先從最簡單的事情開始，不管你用什麼樣的方式，先做一些簡單的事情，養成習慣，再一步步戰勝自己的拖延。就像跑步前的熱身一樣，一旦熱身之後，我們就會堅持繼續跑步。

◆ 第五，藉助網路科技的力量

我們是處於網路時代的人，所以要學會藉助網路的力量，網路上有一些防止拖延的 APP 還是很好用的，比如「Forest 專注森林－讀書專注番茄鐘」，就可以在某種程度上減少我們玩手機的時間。

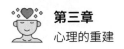

第三章
心理的重建

第四章

情感的重建

　　從過去到現在，有很多藝術作品都會描述這樣一種感情，這種感情是人類眾多情感中最令人捉摸不透的，它就像一個萬花筒，使你眼花撩亂。其中有青澀的初戀、美好的暗戀、甜甜的熱戀、痛苦的失戀等。愛情很神奇，能使兩個互不相識的人彼此建立連繫。那麼愛是什麼？「愛是恆久忍耐，又有恩慈；愛是不嫉妒，愛是不自誇，不張狂，不做害羞的事，不求自己的益處，不輕易發怒，不計算人的惡，不喜歡不義，只喜歡真理；凡事包容，凡事相信，凡事盼望，凡事忍耐；愛是永不止息。」

初戀這件小事

「我 16 歲的時候，喜歡上了一個男生，他大概有 188 公分，長得陽光帥氣，笑起來有時候有點傻，成績很好，總是我們班上的第一名。他是我們學校籃球隊的，每次他打籃球的時候，我都會跑到操場上為他加油。但是他永遠不知道有這樣一個人在暗戀他，喜歡他的女生很多，而我只是一個既普通又平凡的女生，一個長相不出眾，綁著馬尾的、穿著很多人都會穿的校服的女生。

直到有一天，我看到自己喜歡的男生和別的女孩在一起了，他們從我身邊走過，那個女孩和他一樣陽光，笑起來像太陽，我知道自己比不上她，永遠也比不上。但是我為什麼還是如此的難過呢？我回到宿舍，抱著我的被子，腦子裡面全是他的影子，我拚命搖頭，怎麼都擺脫不了這個畫面。我也試圖沖冷水澡，讓自己清醒，結果就是我感冒了，發高燒了，我室友回來看到躺在浴室的我，急忙把我送到了醫務室。只有發高燒那段時間，我的腦子裡面才沒有他。

在此之後，很長一段時間我都沒能走出來。音樂是一種很好的治療方法，那時候的我不斷地用聽歌來宣洩，聽那些

別人的故事，看著歌曲下面的評論，我看到了很多和我一樣的人，一下子覺得自己不再是孤單一個人。本來覺得自己受到了很多傷害，但其實不是的，只是我自己擴大了這樣的傷害而已。此後，那首歌給了我很大的力量，也許這就是創作者的偉大吧，不僅僅是講述別人的故事，同時也透過寫故事將力量傳遞給需要的人。」

失戀也沒什麼大不了的

在我們的一生中，一定會有一個自己很喜歡的，但是又沒有得到的人或者事物吧。對於這樣的人或事物，每個人都是有自己不同的做法的，一些人有著自己的執念，這種執念的表現就是，對於未得到的事物，一定要得到，這是一種外在的表現，是一種得到某種東西的外顯行為。同時，還有一種內隱的行為，內隱就是一種明明已經習得的觀念、行為，但是這種習得不為意識所發現，當出現線索的時候，又會暴露出這種無意識，將其表現出來。

所以，一些人就將自己受到的傷害埋在了心中，將其內化，然後自己就會在其他方面尋找一種替代性的得到，但是有可能這樣替代的方向是錯誤的。而這樣的情況不僅僅局限於初戀，小到一個平常的獎勵，大到戀愛這件事，都會有不同的表現和行為，每個人處理的方式也不盡相同。那些認為

現在得不到，一定要想盡辦法得到的做法其實是不對的，還有那些一點努力都不做就放棄的做法也是不對的，當人們的行為伴隨著類似的想法時，就會發生很多問題，同時也會給自己設置障礙。其實，失戀並沒有什麼大不了的。

要怎麼去學會放下

對於一些我們無法得到的事物，我們可以嘗試延遲滿足（deferred gratification）和森田療法（Morita therapy）。在這裡給大家科普一下，在心理學領域有一些著名的實驗，其中一個實驗叫做「棉花糖實驗」，整個實驗的過程是這樣的：在這個實驗中，小孩子可以選擇獎勵（只有棉花糖）；也可以選擇等待一段時間，直到實驗者返回房間（通常是 15 分鐘），然後得到兩個獎勵（棉花糖是實驗者回來再次獎勵他的）。實驗結果證明，選擇等待之後得到兩個獎勵的孩子，成年後在事業上比選擇一個獎勵的孩子表現更優秀，在成就測驗中得分也高於他們。我們把這個實驗結論叫做「延遲滿足」。

所以，學會「延遲滿足」對於他們來說才是最大的收穫。同樣對待愛情也是如此，我們總是想要偷吃禁果，但最後往往會受傷，因為我們還沒有能力去承受偷吃禁果帶來的後果。所以不要著眼於眼前的誘惑和滿足，任何時候都要

做長遠打算。有時候，學會等待反倒會給我們帶來額外的收穫。

　　森田療法指的是什麼呢？其實質就是一種思維，「順其自然、為所當為」是森田療法的指導原則，其精髓就在於把一切煩惱當作人的一種自然的感情，順其自然地接受它，不當作異物一樣去排除它，否則就會因求而不得引發思想矛盾，產生內心世界的衝突。所以，簡單來講就是順其自然地接受，這沒什麼大不了的，學會接受了，才能學會放下。

我總感覺他不愛我

在我讀大學期間，其中一個室友隔三岔五就會和自己的男朋友吵架，吵架的原因永遠只有一個——「我覺得你不愛我了」。但是最讓人煩惱的就是，室友每次哭著回到寢室，告訴大家她要分手了，大家的第一反應就是安慰她，然而大家的安慰對於她來講並不重要，因為大概過了半小時他們就和好了，然後室友就會十分開心地和大家聊天，完全判若兩人。大家都會認為她們剛剛簡直在說廢話，當時甚至可能會做一個決定，「我以後再也不要安慰這樣的人了」，他們每次吵架吵得很嚴重，實際上從來就沒真的分開過。

但是，就是會有這樣的女生存在，而且為數還不少。她們經常說的就是：「我覺得他一點都不愛我，一點都不關心我，他以前不是這樣的，以前他會每天跟我說『晚安』，但是現在不說了」、「他居然讓我等他這麼久，他為什麼只知道打遊戲，為什麼他都不陪我？」、「他和自己的朋友出去玩都不帶上我」……在這樣的內心活動下，女生往往不會直接表現得不開心，但是又很想讓男生察覺到她不開心，要是男生察覺不到的話，女生或許會進一步做出一些舉動吸引男生

的注意，但男生可能依舊十分遲鈍。看到男生遲鈍的樣子，女生就會生氣，生氣就會爭吵，爭吵之後有一半的可能性就是升級到分手，分手就意味著一段關係的破裂，當然在這期間溝通也很重要。但是我們要說的不是關於「分手不分手」的問題，而是要討論「他不愛我」這樣的觀念是否正確的問題。

這樣的觀念是正確的嗎

怎樣才是愛一個人的表現呢？如果問一個這樣的問題，很多女孩子可能會說出一系列的答案。比如他願意為妳買禮物，花時間關心妳；當妳難過的時候，他會在意妳的心情；當妳說想他的時候，他會立刻打電話給妳；妳傳訊息的時候，他會回覆妳……是的，這些也許都是我們所說的愛的表現，但是一個人多多少少都會有一些不合理的觀念，從認知療法角度來看，人們之所以有煩惱，是因為我們的不合理信念，所以才會導致我們產生負面的情緒。

舉個簡單的例子，有一些來訪者，總是會跟我傾訴，他有一個小時沒回我消息了，他為什麼對我這麼冷淡？他是不是跟其他女生在聊天？他是不是不愛我了……因為有這樣的不合理觀念，所以導致來訪者處於一種十分焦慮的情緒中，一直在訴說著同一件事，彷彿這樣一直說，讓她覺得可以緩

解焦慮。但是她這樣的模式又給別人造成了困擾，影響了別人的生活，自己的男友也被自己逼得不回覆訊息，而且要跟她分手，於是她來求助我。

其實，她出現這樣的狀況就在於自己的一些不合理觀念，犯了以偏概全的錯誤，男友不回覆訊息這樣的事件並不能推出「他不愛自己」的結論，這是錯誤的邏輯。同樣的不合理觀念類型還包括糟糕至極以及過度誇張，這三種是常見的不合理觀念。糟糕至極，舉個簡單的例子，當我做某件事沒有成功，就認為我是一個失敗者，我注定一輩子都是一個失敗者，我的人生已經完了。雖然這個例子有點誇張，但整體而言，這些不合理的觀念伴隨著我們的生活，對我們的生活造成了消極的影響。

如何糾正自己的不合理觀念呢

◆第一，你需要列一張表

這張表裡面有三個需要填的項目，第一個是事件，我們將它稱為 A；第二個是觀念，我們稱之為 B；第三個是結果，我們稱之為 C。在一張 A4 紙上列出來，把相關事件都列出來，一個一個地呈現在紙上。比如你男（女）朋友一天不回覆你訊息，你就覺得他（她）肯定是和別的異性在一起，於是你感到非常生氣和難過，你可以在紙上寫出來，事件是

A，男（女）朋友一天不理我；結果是 C，我很生氣；觀念
是 B，我認為他不回我訊息就是不想回我，就是和其他異性
在一起。

◆第二，對於這樣的不合理觀念，找出可以替代的觀念

比如：對於「我是一個失敗者」這樣的不合理觀念，可
以找到的證據是，我有沒有什麼是做得比較成功的？我雖然
這件事做得不好，但是我炒菜還是蠻好吃的。透過這樣的整
理，找到可以替代不合理觀念的其他觀念，慢慢改正不合理
觀念，排除自己的負面情緒。

我的女友是「金剛芭比」

女：「從小我就告訴自己，我要成長為一個獨立的人。我不需要太依賴我的父母，因為我已經長大了，所以我不能向他們伸手要錢。我對他們從來都是報喜不報憂，因為我不想讓他們擔心我，我可以自己一個人做飯，一個人找房子、租房子，一個人學習。因為我太獨立、太關注自己的事情了，所以我的男朋友總是覺得他沒有存在感，他也很想讓我依靠他，但是我總是說，『沒關係，我可以自己處理好自己的事情』。慢慢地，他就在我身上找不到戀愛的感覺了，『妳能不能不要這麼金剛芭比啊？為什麼妳就不能依靠我呢？我究竟是不是妳的男朋友？』那段時間我們總是在爭吵，吵個不停，於是他就不理我了。其實我知道自己這樣不好，但是讓我改變又很難……」

男：「真正的戀愛是怎樣的呢？我覺得我的女朋友跟我總是有距離感，她看起來很高冷，她看見我從來都不會笑。我感覺我從未親近過她，我們之間更像是朋友，而不是戀人。」

什麼樣的關係叫做「親密關係」

透過調查研究，心理學家發現很多人單身的一個重要原因就是，他們沒有能力發展親密關係。親密關係指的是兩個人彼此能夠影響對方並相互依賴的時候，他們之間就存在一種親密關係。一段親密關係的發展要經歷「兩人從沒有接觸－認識－表面接觸－共同關係」，是兩人依賴度不斷增加的過程。一段親密關係必然是伴隨著長時間的頻繁互動、在不同活動和事件上共用自己的興趣，以及兩人的相互影響而產生的。在親密關係中，是不分你我的，我們不會像對待陌生人或者工作夥伴那樣，劃分得十分清楚。同時，在親密關係中，我們對於收益與付出並不在意，我們關心的不是對方能為我們提供什麼，而是我們能為對方提供什麼。

一個人能夠在一段關係中自我揭露（self-disclosure）十分重要。自我揭露是指個體把關於自己個人的資訊告訴他人，與他們共用自己內心感受的過程。比如告訴別人我的家庭是怎樣的，我的過去等等。在與人交往的過程中，我們是不斷進行磨合的。簡單來說，當我們和一個人交往的時候，也許剛開始彼此在談論天氣，一旦得到回應，我們的話題也許就會由淺入深，在這樣的過程中，我們的親密關係層次就增加了。但是值得注意的是，如果這種自我揭露是不對等的，則無法發展為親密關係，比如一個人過早地說了很多自

己的事情,這會使得另一個人退縮;如果另一個人對於自己的事情閉口不談,也會造成障礙。

因此,在關於愛情的研究中有這樣的實驗,兩個互不相識的人,互相問對方 36 個問題,並且雙眼凝視對方,36 個問題由淺入深,不斷增加私人化程度,了解對方更多的資訊,從而增加兩人的親密度。實驗結束後,參與者相互發展為戀人或者朋友的不在少數。

怎樣才能維持親密關係呢

◆ 第一,保持平等的關係

不管是友情還是愛情,平等是維持親密關係的基礎。在情侶中我們經常聽到這樣的抱怨,「我付出的得不到回報,我感覺總是我付出得多,但是他卻沒有怎麼為我付出過」。當你認為自己的付出和收益不對等的時候,親密關係就容易出現裂痕。在婚姻中,如果一個人很懶,什麼都不做,另一個人忙完工作回到家還要收拾家務,這種關係就很容易出現問題。

◆ 第二,正確地歸因

我們的認知對於我們的行為有很大的影響,也就是說我們怎麼去解釋對方的行為是非常重要的。如果想要維持親密關係,將對方良好的特質歸因為個人內部因素,將對方不好的行為歸因於外部因素,是一個不錯的選擇。

◆ 第三，學會良好溝通

溝通不管在任何關係中，都是十分必要的。婚姻失敗或者是失戀的原因有很多，但是最重要的還是溝通的問題，有些人不願溝通，有些人溝通不良，有些人不會溝通等等。但是溝通技巧是可以學習的，在和對方溝通的過程中，我們要學會傾聽別人的觀點，同時也要說出自己的觀點，而不是一味地忽視別人所說的，只顧自己的感受，當溝通同頻的時候，就是關係進一步提升的時候。如果雙方都十分愛面子造成溝通不良的話，試著找一個中間人作為橋梁，傳達你們的想法，也是一種不錯的選擇。不過這個中間人最好是雙方都信任的人，並且能夠站在客觀角度看待你們之間問題的人。

◆ 第四，學會偶爾嫉妒

「嫉妒」這個詞看起來不是一個正向的詞彙，比如別人有了一個很好的東西，我嫉妒他。但是實際上，嫉妒的使用範圍很廣，在親密關係中，嫉妒表達的是一種對於對方的依賴性，因為你很依賴對方，所以不希望有其他人來破壞你們之間的關係，從而引發嫉妒。用通俗的話來講就是「吃醋」。很多處於戀愛中的男女都會故意炫耀自己以前的情人或者是故意和別人有一點點親密的舉動，透過這樣的方式引發對方的嫉妒，從而使兩人的關係更加親密。但是這裡要注意的就是掌握適度的原則，如果嫉妒累積起來，有時候後果會很可怕。

和「媽寶男」談戀愛

　　不知什麼時候，一些男性開始被冠以「媽寶男」這個稱呼，我著實奇怪，想具體研究。說來也巧，正好就被我遇到了這樣一個人。我們是在酒吧認識的，他喝了很多酒，興許是藉著酒勁，他便和我聊了起來。他是這樣跟我說的：

　　「姐妹，我跟妳實話實說啊，大家都叫我『媽寶男』，我真的很討厭這個稱呼，其實什麼是『媽寶男』我也不清楚。我覺得自己並沒有錯啊，我今年 25 歲了，有一個談了 10 年的女朋友，從國中時我們就在一起了。我家裡有點錢，父親是開工廠的，母親是會計，我父母都喜歡錢，但他們離婚了，我爸還有交女友，我跟我媽一起生活。他們都希望我以後可以找一個強勢一點的女孩子，因為我生性軟弱，所以他們希望我的老婆可以強勢一點。從小我的路就是我爸替我鋪好的，從國小、國中、高中到大學都是我爸替我選好的，包括我的科系、我的工作。我也不知道要做什麼，所以我就到了家裡的工廠上班，無憂無慮，我很喜歡這樣的生活。哦！對了，我家還有一座楊梅山，我上班的時候還可以溜去楊梅山，摘點楊梅……

從小我就聽我媽的話，我媽說什麼就是什麼，只要我在老家，我每天都會回家，因為我媽在等我，但我的女朋友總是說我，『什麼都聽媽媽的話，你已經是一個成年人了』。但是一個好兒子不就是要聽媽媽的話嗎？我並不覺得這樣不好啊？人真是奇怪得很。我媽都是為我好啊……漸漸地，我到了結婚的年齡，我媽開始操心我的婚姻大事，我跟我媽說我有一個交往了 10 年的女朋友，我把她帶去見我媽。我以為我媽會喜歡她，但實際上並不是這樣，不僅僅是我媽，我家裡所有的人都不喜歡她。我不知道該怎麼辦，我應該怎麼做呢？我媽說的也都有道理，家人都不同意我和她在一起，一邊是交往了 10 年的女友，現在她還懷了我的孩子；一邊是家庭，我真的很迷茫，不知道該怎麼辦才好……」

我為什麼不能不聽我媽的話

從精神分析的角度來看，我們可以把這種現象叫做「戀母情結」，戀母情結是孩子在 3 ～ 5 歲的時候，也就是性器期這個階段會產生的心理。一個人如果在這段時期過渡得好，那麼在成年之後就不會展現出來；如果過渡得不好，這種情結會一直持續到成年之後，以至於對自己的戀愛和婚姻產生影響。我們把這個問題稱為「退化」，具體來講就是，3 歲的時候，孩子是媽媽的寶貝，一旦孩子做好了一件事，媽媽就

會特別高興，還會誇獎孩子。3 歲的時候這樣很正常，但是 30 歲還這樣，那就不正常了，所以我們說這是「退化」。

「我媽不同意，我媽不喜歡」，這是「媽寶男」經常會說的一句話，從心理學的角度來看，他們會認為他和媽媽是一體的，所以才會非常聽媽媽的話。表面上他們好像很聽媽媽的話，但其實他們是十分恨自己媽媽的，以至於他們會對女性產生厭煩感，從「媽寶男」的戀人或者妻子身上就可以展現出來。

因為這麼多年被媽媽過分控制、入侵，跟媽媽黏連太多，所以他們對女性整體反感。嚴重的「媽寶男」會「殺死」自己的媽媽。從心理學角度來講，這都是想像層面的、潛意識層面的，不是指行為。實際上，所有孩子都需要在 3 歲之前，把媽媽給「殺掉」。當然，這是心理上的，也就是說，他要離開媽媽，他要從母嬰關係裡脫離出來，而且在這個脫離期，他還需要父親的幫助才能實現。

「媽寶男」的核心就是，他們對媽媽很內疚。為什麼內疚呢？因為他心裡對媽媽是恨，已經無數次想把媽媽「殺掉」，所以通常情況下，他們對媽媽的愛其實是對媽媽的恨的一種防禦。

如果妳要跟「媽寶男」結婚的話，怎麼辦

- 第一，給妳未來的伴侶評分。滿分 10 分（典型「媽寶男」10 分），如果是 9 分以上，建議不要和這樣的男生結婚，否則妳會遭受巨大的痛苦；如果沒達到這種程度，也要做好足夠的心理準備。

- 第二，作為妻子的妳，需要成為一名「諮商心理師」。也就是說，妳要站在他的角度去思考，妳需要像一個諮商心理師一樣，幫助他了解自己對媽媽的感情是什麼，幫助他釐清自己的原生家庭，是不是爸爸在孩子脫離母嬰關係的時候，角色缺失了？例如上面那個案例，案主的父親從小就和母親離婚了，他是母親撫養長大的，所以父親的角色是缺位的。

- 第三，選擇和「媽寶男」結婚，就需要自己學會獨立成長，學會自己提升自己。透過自己的獨立，做榜樣給老公看，讓他知道「媽媽沒教你長大，但是作為妻子的我是可以幫你長大的」。

婚姻問題的提前預防

一個匆匆走入婚姻的人這樣說：

「當我得知我已經懷了他的寶寶的時候，我不知道是應該高興還是應該無奈，『未婚先孕』這個詞怎麼說也不好聽，這個寶寶對於我們來說就是一個意外，有了他，我要考慮的事情開始多了起來，我本來規劃好的人生節奏將會被打亂，是要前途還是孩子？我需要做出選擇。我本來想要拿掉他，心想：反正那麼多人都墮胎了，無所謂的，我只不過是和很多人一樣而已。

但是當我來到醫院的時候，醫生告訴我：『如果妳人流的話，對妳的身體十分不好，妳可能還會留下很多婦科病，可能以後都無法懷孕了。』我猶豫了，特別是看到顯示幕上那個小小的生命就在我肚子裡的時候，我做了一個決定，我要把他生下來。這個決定就意味著我即將和一個男人步入婚姻，明明我才 23 歲，一切都發生得太快。所以在結婚之前，甚至是在婚禮之前，我們總是在爭吵，看起來我們都還小，都不知道結婚對於我們來說意味著什麼……」

婚姻是愛情的墳墓嗎

史坦伯格在他的愛情三元理論中談到，我們的愛情包含了三個十分重要的因素：激情、承諾、親密。

什麼是激情？我們可以簡單地認為兩個人之間做過浪漫的事情，見不到對方的時候就會很想見到對方，同時也伴隨對彼此的性喚起，想要和對方發生關係的一種性衝動，有點像剛開始戀愛的階段，荷爾蒙的分泌可以讓兩個人在一起的時候產生一種激情體驗。

而承諾指的是我們對對方所做出的保證，答應對方的事情、彼此之間的約定等。一般在兩個人長時間接觸之後，會出現承諾行為，包括決心以後永遠愛對方的決定，也包括這段關係中今後要承擔的義務。

親密的含義則稍微廣泛些，親密可以指朋友之間、家人之間。所以從這個角度理解，就是兩人之間親密無間，一般來說從好朋友發展而來的戀愛關係，親密成分所占的比重較多，這是一種使人感受到溫暖的成分。

根據三個成分所占的比例不同，我們可以劃分出 7 種不同的戀愛關係：

- 只有激情的愛，可以理解為是一種迷戀，比如少男少女的戀愛。

- 只有親密的愛，是一種喜歡，比如我們的友誼。

- 只有承諾的愛，是一種空洞的愛，比如古代的媒妁之言。

- 有激情和親密的愛，是浪漫的愛，雙方在一起是因為身體和情感上的吸引，不用做出任何的承諾。

- 有親密和承諾的愛，是伴侶的愛，比如結婚多年的父母，我們眼中令人羨慕的即使老了也十分親密的恩愛夫妻，這種類型更加注重細水長流。

- 有激情和承諾的愛，是愚昧的愛。這種愛通常為短暫的相識之後，兩人很快就發生性關係，沒有親密的成分存在。在激情的作用下，做出一些不可實現的承諾，隨著激情的消失，感情就迅速消失了。這是目前很多年輕人的戀愛中會出現的現象，隨著兩人相處的時間增加，激情退去，就會覺得對方前後反差很大，兩人就可能產生一些矛盾。由於無法認識到核心問題所在，甚至會導致關係破裂，造成彼此痛苦。

- 最後就是三個成分都具備的愛，這是完美的愛，很少有人達到這樣的境界。

我們應該做些什麼

在某種程度上，成年早期在人的一生中產生定位作用並決定著個體終身發展的方向。這個時期的我們比任何時候的我們要做的事情都多，完成對自我的認識、三觀的形成、戀愛、結婚到生孩子、選擇一份自己滿意的職業，都發生在這一時期。

◆ 第一，根據愛情三元理論，找到自己的問題所在

明確自己的戀愛屬於什麼類型的戀愛，花一段時間反思自己與戀人的關係，將兩人之間的問題列出來，先明確問題再對症下藥。

◆ 第二，晚點結婚

為什麼現代人提倡晚婚，不知道大家是否想過這個問題？這要從一個人的發展階段來講，我們調查了很多在 25 歲之前結婚，但是後來又離婚的對象，大致得到了這樣的答案：「那時候和現在想的不一樣，我們都變了，變得不一樣了，為了避免雙方痛苦，所以我們選擇了離婚。」離婚被列為十大負性生活事件之一。不過離婚的前提是結婚，現在找對象也不是一件容易的事，否則就不會有這麼多單身人士了。

25 歲之前，人的智力和思維都在發展，因此在此期間，

我們的想法可能隨時都會發生變化。但是研究顯示，我們 30 歲時的想法和 50 歲時的想法沒有太大的不同，因此，晚婚的人比早婚的人離婚率更低。在 25 ～ 30 歲這個期間，做出結婚的決定，是最佳的選擇。不知道大家身邊是否有這樣的例子：你的國中或者是高中同學早早結婚了，可能他們的孩子都上幼稚園了，而你還在讀書。這樣的例子數不勝數，但同時也伴隨著很高的離婚風險。

◆ 第三，雙方之間應當共用權利

共用權利的意思就是雙方要共同做出決策，共同決定彼此之間的大事，比如買車、買房、未來的發展和規劃。如果僅僅是為了不傷害對方，而選擇隱瞞的話，這樣總是會出現矛盾的。EQ 高的男士，都會尊重他們的伴侶，而不是獨斷獨行。

◆ 第四，問自己兩個問題

第一個問題是，你是否相信你的伴侶是一個說到做到的人，他（她）是否信守他（她）的承諾？第二個問題就是，你的伴侶是否能給你支持，也就是說在你遭受挫折、失意的時候，他（她）能否給你相應的支持，能否給你安慰？如果你可以肯定地回答這兩個問題，說明你們的關係是健康的；如果你回答不了這樣的問題，或許你應該好好思考一下這段關係對於你究竟意味著什麼。

◆第五，對婚前性行為給予寬容

對千禧一代的研究顯示，超過 90％的人都有過婚前性行為。我們調查了很多大學生，他們對婚前性行為並不排斥。無疑，性生活對於戀愛和婚姻都是十分重要的，和諧的性生活對於圓滿的婚姻具有重要的作用，家庭矛盾中有很大一部分與性生活不和諧有關。因此，在婚前的時候，選擇適合的性伴侶，彼此達成一種和諧，對於婚姻是非常重要的。當然，做好安全措施也十分重要，不管是女性還是男性都要學會保護自己。因為眾所周知，墮胎對於女性的傷害很大。同時，不是說支持婚前性行為就表示可以濫交，濫交也面臨著感染疾病的風險，希望讀者們不要誤解筆者的本意。

向家暴說「不」

　　不管是在網路上，還是在生活中，我們總是能夠看到這樣的例子：某某人被家暴，某某人有家暴的傾向。家暴不僅僅對受害者造成傷害，同時也是在傷害一個家庭，更有甚者，它就像蝴蝶效應，在家暴家庭中長大的男孩子，他未來的妻子、孩子也可能遭受家暴。我曾經聽過這樣一個故事：

　　「我是一個被家暴過的女人，我從來沒有想到我自己會有被家暴的一天，也不知道家暴有多恐怖，它就這樣到來了。剛開始的時候，我和他十分甜蜜，他幽默、風趣、有主見，雖然有些大男子主義，但是這並不影響我們之間的感情。他十分關心我，不管是我們在一起之後，還是沒在一起的時候，他對我依然如初。我認為他是一個很好的男人，漸漸地，我有了和他結婚的想法。

　　他告訴我他的童年很不幸，我很心疼他，我想要給他我的愛。於是在他跟我求婚的時候我就答應了他。很快，我們步入了婚姻的殿堂。第一次發生暴力行為，是在我們籌備婚禮的時候，婚禮的籌備需要準備的東西很多，在準備期間，我忙上忙下，但他卻是一副撒手不管的樣子。那時候，我只

是抱怨了幾句，他二話不說，直接過來搧了我兩個耳光，我那時候都傻眼了，我衝了出去，不想跟他說話。他見我衝了出去，馬上跑來跟我認錯，他抱著我，態度十分誠懇地說：『我錯了，對不起，親愛的，我不是故意的，請你原諒我。』

看他都這樣了，我便選擇了原諒，但是我不知道的是，從那個時候起，我就掉進了他早就布置好的陷阱之中。之後，我們結婚了，可是噩夢才剛剛開始。結婚之後，我挨打的次數越來越多，情況也越來越重，記得有一次，我旅遊完回來，買了一點新衣服給兒子和女兒，我老公直接把衣服燒了，把兒子和女兒關在家，房間裡到處都是灰。

我看到這一幕，就說了他幾句，然後家暴就開始了，他不僅將我踢倒在地上，還把想要制止他的兒子也踢飛，女兒在一旁哭，然後他又開始扯我的頭髮，想讓我跟他認錯，我就像一個玩偶……這麼做他還不夠，他還把家裡的玻璃打碎，屋子裡面到處都是血和玻璃碎片，然後我就報警了，這是我印象最深刻的一次……」

我們是怎樣一步步走進心理陷阱的

◆第一步，引誘和迷惑受害者

在戀愛的階段，受害者會覺得這個男人很體貼，彼此之間很合拍，對方簡直就是自己的完美伴侶。他或許會跟妳

說，他有過被家暴的經歷，妳開始心疼這樣一個男人。你們之間沒有任何問題，於是，你們步入婚姻殿堂。

◆ **第二步，孤立受害者**

　　直到有一天，妳的老公，也就是那個曾經如此愛妳的人，開始控制妳，命令妳按照他的想法來做事。妳也許並不想這樣做，但是妳認為為了自己的靈魂伴侶，妳可以為他犧牲。但是實際上妳不知道的是，妳已經無法脫離他的控制了。這個階段會出現第一次家暴，他會以妳的憤怒為理由，對妳實施暴力。第一次家暴之後，他往往會道歉，承諾自己以後不會這樣做了，但這僅僅是開始而已，有了第一次，就會有第二次、第三次……

◆ **第三步，施虐者會毫無顧忌**

　　即便受害者離開他們，也可能會面臨一個跟蹤狂，受害者和孩子可能會失去經濟支持，還會受到來自施虐者的恐嚇。發展到最後，受害者甚至會選擇與施暴者同歸於盡。

當你遭遇家暴時，應該做些什麼

● 第一，尋找社會支持系統。可以向你的家人、朋友和相關機構求助，要勇於揭露自己被虐待的事實，尋求來自社會上的一切幫助。不要顧忌所謂的「家醜不可外揚」。

- 第二，勇於反抗。作為一名受虐者要學會打破沉默。只有打破沉默，才可以奮起反抗，藉助法律的力量，維護自己的權利。
- 第三，作為家暴的受害者，不僅身體受到摧殘，心理上也會蒙受創傷，你可以向專業人士求助。當然，最徹底的辦法是脫離施暴者，只有這樣，才能有更幸福的人生。

當婚姻走到了盡頭

一個很困惑的母親的來信這樣說道：

最近這個想法越來越強烈，關於我要跟我老公離婚的想法，我甚至都覺得這段婚姻是一個笑話。我不知道為什麼，十年了，我和我老公雖然每天都住在一起，但是我覺得我們的心離得很遠。我和老公其實心裡都明白，我們之間的關係就只是表面的夫妻關係而已，沒有什麼夫妻感情可言，因為我們一點感情基礎都沒有。

當時兩人在一起的時候，只是覺得到該結婚的年齡了，而且彼此人品都可以，不然就結婚了吧，反正爸媽也催著我結婚，於是我們就去登記了。但是十年了，我還是不快樂。這十年，我們彼此的性格一點都沒有改變，兩個人性格還是不合。他很理性，我很感性，所以很多時候我都覺得他很冷漠，就像冷血的動物。

但是這麼多年，我沒跟他離婚是因為我們還有一對雙胞胎女兒，每次一想到她們，我就會讓自己忍下去。但凡事都是有限度的，我覺得我現在就到極限了，我想要和我老公離婚，但是我不知道該怎麼跟我孩子說。

深思熟慮之後再做決定

離婚這件事真的想清楚了嗎？問問妳自己，是一時的衝動，還是自己深思熟慮的結果呢？對方真的就如妳所說的那樣嗎？自己有沒有放大問題、放大個人情緒呢？問問自己這些問題，先使自己冷靜下來，然後騰出一些時間來釐清頭緒，自己是不是踏入了慣性思維的套路，是不是存在不合理觀念？這些認知是否正確呢？離了婚的後果呢？對孩子的影響呢？是不是非要離婚不可呢？有沒有可以用不離婚的方式就能解決問題的方法呢？離婚不是兒戲，要經過深思熟慮。

如果上面的問題妳都能回答，那就再問自己最後一個問題：「離婚之後，妳會後悔嗎？」如果自己是問心無愧的，那就找一個合適的時間，和孩子坐下來談談自己的想法，不要把自己當作一個長輩，而是作為朋友跟孩子說一些心裡話。當然，最好是在他們懂事的年齡這樣做，因為如果在孩子太小的時候離婚，他們就會認為父母離婚是因為自己。這樣是不利於孩子的健康發展的。

一些建議

結婚應該慎重，在選擇未來伴侶的時候，希望每一個人都多了解身邊的人。事實上，如果我們和一個人有結婚的打算的話，可以試著先和這個人同居生活，因為同居其實在某

種程度上就是婚姻的縮影，同居也是可以看清楚你們兩個人
是否能夠磨合到一起。如果同居 1～2 年都無法磨合，那就
說明，你們兩人可能並不是十分適合。這個時候，如果還是
有結婚的打算，那就要好好查找問題的原因所在。

第五章

人際的重建

人類是群居動物，任何人都需要和另一些人建立連結，都需要和人打交道。同時，人是十分複雜的動物，每個人都有自己獨立的思考，所以每個人又是不同的。人際關係也是非常複雜的，所以在人與人的交往和溝通之中，難免出現很多問題和衝突，能否有效解決這些問題，是我們保持良好人際關係的關鍵。

誰偷了我的手機

　　在一個班級裡面，總是會有一些家境富裕的孩子和一些家境貧窮的孩子，這是一個很常見的現象。但是這樣的貧富差距就會導致一些問題的出現，我們暫且把它叫做「問題」。我在國中的時候，班上有一個女生，是我們班上一群男生的攻擊對象，他們總是取笑她，但是女生不敢還嘴，只能任憑他們取笑。不過，我知道她很討厭他們。但那時的我和班上大多數人都是旁觀者，因為在一個受害事件裡面，都會有三種角色：加害者、被害者、旁觀者。

　　後來，一般的嘲笑，因為一起偷竊事件升級為暴力了。

　　事情的起因是這樣的，以前嘲笑過這個女生的男生在班上炫耀他老爸買給他當時最新款的 iPhone，弄得班上沸沸揚揚的，全班都知道他有了新手機，很是神氣了一番。不料，這部手機忽然在大家上完體育課之後不翼而飛了，但沒人知道小偷是誰，他也不敢告訴老師。這個男孩非常生氣又十分痛苦，正打算一一搜別人桌子的時候，不知道是誰說了一句，「我看到某某某（那女孩）上體育課的時候回來過教室」，於是他們就將矛頭對準了這個女孩，女孩的書桌、書

包被翻了個遍，都沒有找到。於是他們又看向女孩的身體，打算把她的衣服扒下來，看是不是藏在裡面了，她拚命地掙扎，但是力氣還是不如男生。這種行為很過分，但是沒人幫忙，大家也不敢過去，否則就表示和那個女孩是一夥的，社會心理學中的「旁觀者效應」出現了。最後，手機在女孩的校服內袋中找到了，男孩十分衝動，正想要用暴力解決問題的時候，老師進來阻止了。但事情並沒有完，後來學校通報警方，她被退學了。究竟是什麼原因導致這個女孩做出偷竊行為的呢？

人為何要偷竊

偷竊的心理原因有很多種。其中最重要的一種就是物質需求，根據馬斯洛的需求層次理論，人有五種需求，包括生理的需求、安全的需求、愛與歸屬的需求、尊重的需求、自我實現的需求。

- 生理的需求。這是指人們最基本的需求，比如我們要在這個世界上生存，就需要吃得飽，穿得暖，出門有車可以坐，可以繁衍後代。這是一個人生存的基本需求，也就是生理的需求。

- 安全的需求。隨著人們基本的生理需求獲得滿足，人們開始渴望安全的環境，比如在經歷戰爭之後，人們都

渴望和平，為什麼人需要房子？也是一個道理。房子能給人安全感，讓人覺得環境是安全的，這都是安全的需求。

◆ 愛與歸屬的需求。我們在社會生活之中，是和其他人一起相處的，我們每天都要和各式各樣的人打交道，人與人之間是需要建立連結的。為什麼會有「家」？因為家可以給我們歸屬感，同時「愛」也是來源於家。高級動物需要愛，需要情感，需要一個歸屬。

◆ 尊重的需求。我們總是在說自尊心，一個人不管現實中有多麼失敗，都需要被別人認可，這種被別人認可的需求，就是尊重的需求。相反，一個人不被尊重，就會走向自我毀滅。

◆ 自我實現的需求。這種需求是一種高級需求，不是每個人都有這種需求，只有想發揮自己潛能的人，才會有這樣的需求。有些人平平庸庸過一生，有些人則將自己的潛能發揮到極致。在每個人的人生道路上，自我實現的形式是不一樣的，即使是帶孩子的家庭主婦或者在工地上做粗活的人，都會設法完善自己的能力，滿足自我實現的需求。

偷竊是目前許多未成年人都會面臨的一個問題，許多嚴重的偷竊罪就是從小時候的小偷小摸開始。每個人都知道這

不是一個好習慣，有些人偷竊是因為自己最基本的生理需求沒有得到滿足，因為貧窮所以才選擇去偷；有些人偷竊是因為攀比，所以選擇去偷，這是自尊的需求；有些人偷竊則是單純為了報復而已，比如這個女孩，我們可以具體分析一下她偷竊的原因。從需求滿足角度來看，女孩的偷竊行為是為了滿足她想要報復這個男生的心理需求，因為這個男生一直在嘲笑她所以她偷走他心愛的東西，她選擇在體育課上拿走並不會被發現，還可以得到一部新手機，何樂而不為呢？

當孩子開始出現偷竊行為的時候，該怎麼辦

◆找到偷竊的根源

偷竊僅僅是一個表面現象，但我們可以從表面現象看到背後的許多因素，有時候我們看到的表面現象並不是真的，就像中國電影《我不是藥神》裡面的黃毛，剛開始大家以為他是一個搶藥的，但其實他是為了救白血病患者。所以當孩子開始有偷竊行為的時候，我們就要詢問他原因是什麼，並不排除因為受到校園霸凌，所以他不得不選擇偷竊來報復的情況。父母應記住，切不可不分青紅皂白就懲罰孩子，因為這樣只會讓親子之間出現隔閡，相互遠離。根據馬斯洛的需求層次理論，分析孩子目前處於哪種需求的缺失中，這樣可以發現孩子目前面臨的問題，也方便父母對症下藥。

◆**利用行為療法改變不良習慣，塑造良好的習慣**

　　根據史金納的操作條件反射的實驗結論，行為的增多和減少分為四種方式：正強化、負強化、正懲罰、負懲罰。強化是指促使行為增加的因素。比如當孩子做了一件好事的時候，父母可以給他一個獎勵，這種獎勵可以提高孩子做好事的機率，我們把它叫做正強化，或者我們可以減少一個他厭惡的刺激來促進他行為的增加，比如寫作業可以不做家事。而懲罰導致行為減少，比如當孩子做了一件壞事的時候，父母可以給他一個厭惡的懲罰或者是減少使他愉快的獎勵，這兩種方式都可以促進他行為的減少。

學會拒絕，不做討好者

「18 年來，我一直在認真地讀書，順著父母的意思，大學選擇了一個熱門的科系，本來他們想讓我學法律的，但是因為我的分數不夠，所以退而求其次選了企業管理系。儘管我的大學過得並不快樂，但是在大學畢業之後，我進入了一家很好的上市公司，那是別人夢寐以求都想去的大企業，父母對於我的職業開心極了。但是我同時也在想，我真的能夠適應這樣的生活嗎？

果不其然，在公司裡我就是被排擠、被欺負的那一個，組長總是以他的標準和目標來衡量每一個人的價值，如果達不到該目標就會挨罵。我學校明明也算小有名氣，但是總是讓我做著不是我這個職位該做的苦力，我覺得用『便利貼男孩』來形容我再合適不過了。有一次是這樣的，小組一起吃飯，因為我是左撇子，所以和組長吃飯相撞了，組長很生氣，就叫我滾開，我感覺我受到了極大的羞辱，但是我沒有拒絕。

我的母親也不放過我。我跟母親說過很多次，我不想在這間公司上班，十分壓抑。母親不但沒有同意，反而第二天

打電話給我組長，讓我的組長多關照我，讓我的組長理解我。更嚴重的是，母親還跑到我的公司，當著員工的面，送東西給他，讓他多照顧我。我看到組長的臉色，感覺丟臉極了，此後組長反倒變本加厲了，我很痛苦。

回到家中，妻子也經常罵我，說我賺不到什麼錢，送不了女兒去好學校，只能被嘲笑。我覺得我快喘不過氣了，我覺得我很辛苦，我很累，我真想死了算了。只有自己寫詩的時候才是真正的自己。」

為什麼拒絕別人是一件很難的事情

關於這個問題，要從以下幾個方面分析：

◆ 第一，認知因素

這類人會產生一些錯誤的認知，比如這個案例裡面的主角就認為一旦拒絕父母的要求，他們就會很失望，那我這個兒子就是不好的；如果我拒絕我的主管，我的主管就會不高興，我可能會失去這份工作。

◆ 第二，早期經驗的影響

一般來說，一個人早期的經驗會對一個人的人格產生很大的影響。如果一個人過去經常處於一種「你不能怎樣」、「你不可以怎樣」的壓力下，這種在權威的環境中壓抑就會

導致當事人失去自主能力和創造性。於是，這個「不」就會在大腦中形成一種連結，一旦出現「不」，就會產生迴避行為，這可能代表著害怕被拒絕的創傷。

◆ 第三，自尊因素

　　這類人害怕丟臉，因為他們藉助別人的評價來肯定自己。比如：你幫助了別人，別人就會誇你，說你是一個很願意幫助別人的人，因為有了別人肯定的評價，可能你本來想拒絕他，但最後還是答應了他，所以他們注定不會拒絕別人。因為如果拒絕了別人，也代表著對自己的否定。但是在他們的內心深處，是想要拒絕別人的，只是他們沒有足夠的勇氣，所以最後還是讓自己做著本不該自己做的事。

◆ 第四，人格因素

　　不會拒絕別人的人很有可能會形成一種依賴型人格。依賴型人格的人通常是十分自卑的。案例中的主角也十分依賴自己的父母，並且害怕做出決策，所以他一般會把自己的事情都跟父母講，父母就會替他做決定。或許自己本身有想法，但因為害怕說出來會失去父母的愛，所以才選擇沉默。與父母的分離焦慮導致他依賴自己的父母，同時也扼殺了發展自主能力的可能性，並形成一種惡性循環。慢慢地，他會開始認為自己什麼都做不好，形成一種自卑情結。

我們應該怎麼辦

◆ 第一，改變自己的錯誤認知

如「只要拒絕，就會失去」、「如果拒絕，自己就是不好的」，這樣的認知要加以改變，沒有哪個人可以被所有的人喜歡，一個人也不可能是十全十美的。要學會在人際交往中維護自己的合理要求，不能一味地滿足別人。要明白真正穩固的關係不會因為一次拒絕就破裂，如果真的如此，那說明這段關係於你而言，並不能長久。真正的關係是相互包容和理解的。

◆ 第二，學會和自己的創傷和解

每個人都是有創傷的，試著去面對這樣的創傷，而不是選擇逃避。學習把創傷轉化為積極的力量，發現這樣的創傷給自己帶來了什麼樣的經驗和教訓，把它變成自己的內在力量。同時我們還可以替過去的自己取一個名字，與那個時候的自己進行冥想對話，達到治癒自己的目的。

◆ 第三，從最基本的行為開始改變

在心理治療領域有一種行為療法，叫做「系統減敏」。它的主要原理是透過一點點的小進步慢慢累積，達到行為的改變。我們可以拿一張紙，從最容易拒絕別人的事到最不容易拒絕別人的事，按照這樣的維度進行排列，然後從最容易的部分開始，一步步達到最高等級，每完成一次拒絕之後，

給自己一個獎勵。透過循序漸進的系統減敏訓練，減少自己在拒絕別人時可能會產生的不良情緒。

◆第四，學會獨立，擺脫依賴

改變依賴行為，試著自己分析拒絕一個要求所涉及的人和事以及其中的利弊問題，然後自己做出判斷和決定。

遇到爭論者怎麼辦

一位網友講述她的經歷：

「我上大學的時候，寢室裡有一個女生，我總是會跟她爭論，其實我知道跟她爭論沒有多大意義，但是我就是十分不喜歡她總是認為她是對的樣子。不管是大事小事她都喜歡和人爭論，比如聽到某個觀點，只要她不認同，她一定會以這樣的形式開始：『不啊，不是這樣的啊！』

記得有一次她看到別人的蜂蜜分層了，然後她就認為別人的蜂蜜不是好的蜂蜜。我們寢室的一個女生說，這是很正常的現象，但是她認為這是不正常的，因為她家買的就是很好的蜂蜜沒有出現過這樣的現象。於是她們就因為這個問題爭吵不休，然後我查了相關資料，證明她的觀點是錯的，但是她依舊不承認，所以很多時候我也拿她沒辦法。

還有一次是關於英語發音的問題，她又和別人爭論了起來，總說別人這樣發音是不對的。她一定要把你糾正過來，彷彿一定要跟你爭個輸贏才肯甘休。我十分看不慣她那種盛氣凌人的樣子，每次我也會跟她爭論幾句，但是最後的結果都不是很好，我很煩躁，她也很煩躁。那時候我總是覺得

她把自己的想法強加在別人身上是不對的，但是又無法改變她。」

這類人究竟是什麼心理

這樣的人究竟是一種什麼心理，為什麼一定要和別人爭論個不停呢？這樣不僅影響人際關係，還會導致別人對他們有意見，不過他們可能並不在乎別人對他們的看法。直到有一次，網友和喜歡爭論的女生進行了一次深入的交流，其實這一次交流也不算是主動交流，是為了完成老師交代的作業，不得已才選擇和她一組的。剛開始網友是很排斥的，但是透過這一次和她的交流之後，網友對於她的看法有了一些改變。

網友透過對她的深入了解才知道，每次她在和別人爭論的時候，其實是想要知道正確的答案是什麼，因為想要知道完美的答案，但是有時候又不知道如何表達自己的觀點，所以採用了一種比較極端的方式。越對她深入了解，網友越發現她是一個追求完美的人，什麼事情都想要盡量做到最好，只有做到最好了，才會被人看得起，因為有了這樣的認知，所以才會出現這樣的行為。

但是，她忽略了一個十分關鍵的前提，就是這個認知本身是合理的還是不合理的。隨著談話的深入，網友逐漸了解

到她這種認知的來源，是因為很小的時候她父母對她要求十分嚴格，管教也十分嚴厲，不允許她出去玩，只能在家學習，也不允許別的小朋友到她家來玩，所以以前她總是和父母發生矛盾。

她在讀小學的時候，身邊所有的人都希望她能夠有十分優異的成績，要做一個乖孩子。但是隨著年齡的增長，到了國中叛逆期，她就開始反抗家裡面的一切，越是反抗，家長的限制就越多，直到高中的時候她被診斷為憂鬱症，她的父母才有所收斂。因此，她這種不合理的認知就潛移默化地內化了，導致她在讀大學的時候表現出不被別人理解的行為。人與人之間的距離就是這樣產生的。

怎樣才能改變

◆第一，學會自我覺察

有一些人是無法意識到自己的行為給別人造成了影響的，因為這些人對於這樣的事情敏感度十分低，所以我們會發現不管自己怎樣做，他們還是會繼續像原來一樣。因此，做好自我覺察以及雙方及時進行溝通，是十分重要的。

◆第二，改變自己的認知

我們對事物的認知，在很大程度上可以決定我們的行為，負面情緒的來源也有很大一部分是認知不合理導致的。

因為無法接納自己的不完美，所以一些人會陷入不安之中，而另一些人會表現為防禦性的攻擊行為，比如上文的這個女生，但不完美是很正常的。我們要接納自己的不完美，樹立正確的認知，正確的認知就是每個人都不是完美的，甚至一個完美的人有時候要犯一些小錯誤，才會顯得更加容易親近，大家都不太願意和完美的人做朋友，因為差距太大了，所以他們總是十分孤獨。

我才不要主動道歉和好

「憑什麼要我先道歉啊，明明不是我的錯。」一個女孩在心裡說。

「我才不要跟她道歉，最自私的就是她了。」另一個女孩說。

事情的起因是一件小事，兩個人大學四年是飯友，某一天她們兩個也像往常那樣約好一起吃飯，她們一個正在準備考研究所，另一個正在準備留學。在等飯的時候，考研究所的那個跟留學的那個說：「我覺得我考不上了，我最近一滑手機就是一兩個小時，控制不住我自己。」另外一個準備留學的就說：「妳要是天天都這樣，那妳肯定考不上了。」也許是兩人壓力都很大，這頓飯的氣氛就越吃越冷，最後考研究所的那個越想越生氣，一氣之下，飯也不吃了。

▍想要和好，只要搭話就好了

不知道大家是否有這樣的時候，和自己的朋友發生了一點小小的矛盾和摩擦，兩人就誰也不理誰，然後持續冷戰。我曾經有一個很好的朋友，但是我們總是吵架，一吵架就冷

戰，誰都不理誰，甚至一個星期都不說話。但是我們都知道，我們是想跟對方和好的，只是礙於面子而已，沒有一個合適的機會。每一次想要主動和好的時候，總是會被自己的各種想法阻礙。

其實要和好並不難，只要去搭話，主動釋放善意就好了。只要說出自己的真實想法，對於自己的朋友，沒有必要壓抑什麼，也沒有必要去掩飾什麼。這一條也適用於我們和同事以及其他人的相處。

還可以讓他人來做中間人

尋找一個中間人不失為一個好的解決辦法。因為我當年就是這樣做的，兩個鬧矛盾的朋友跟我抱怨之後，我逐一了解原因，發現那時候大家說的都是氣話 —— 「反正她也不是我的朋友」、「我們兩個畢業以後就不是一路了」、「我哥都沒教育我呢，她憑什麼啊」等等。經過我的調解，現在她們仍舊是很好的朋友。所以，當朋友之間發生矛盾的時候，要學會用正確的方式處理，不要動不動就冷戰，沒有朋友可是很孤獨的，找到知心的朋友也不是一件容易的事情。冷戰永遠都不是有效的解決方案，溝通才是。

我合理化了被性侵的事實

「我是一個作家,雖然有很多人喜歡我,大家喜歡我寫的故事,我的書也賣得不錯,但是無論如何我都開心不起來。儘管我的書治癒了別人,但是治癒不了我自己。很多時候我都覺得內心十分痛苦,因為在我的內心深處,一直有一個祕密,這個祕密是我從未跟別人說起過的。那就是在我很小的時候,曾經被老師性侵過。

在我很小的時候,大概是國小時期,我的老師是一個有家室的中年男人,他經常藉著替我批改作業的名義或者要重點輔導我的名義,把我單獨叫到辦公室,然後就會摸我的身體。剛開始都還好,只是手或者是背這樣的部位,也許是當時自己還小,並不知道這樣意味著什麼。老師每次都會跟我說:『老師很喜歡妳這樣的孩子。』所以即使是老師後來叫我脫光衣服,親吻我的肌膚以及我的敏感部位,雖然疑惑老師為什麼要這樣做,但因為他是老師,並且我的母親也告訴過我,『親妳代表的是喜歡妳』,所以我沒有告訴過任何人這件事。我也一直告訴自己:『老師親吻我,只是因為太喜歡我了,這不是什麼不好的事情,沒什麼的。』加上當時自己

並不了解什麼是性侵，對於這方面的知識完全是空白的，於是我就把這件事情壓在自己的內心深處，並把這個問題合理化，認為老師只是喜歡我，所以才會這樣。

但是從那之後，這個問題一直埋在我的心中。曾經我以為可以順其自然，以為時間可以沖淡一切。直到我長大之後，偶然看到一些關於性侵的知識和一些心理學的書籍，才知道過去老師對我的種種惡劣行徑，也知道自己一直在合理化老師的行為，自己採取了不健康的方式來應對這些事情。而這件事慢慢地就像從海面上浮起來的垃圾，逐漸占據了我的內心，我終日被這件事情折磨，甚至都寫不出來好的故事了，也許生命結束，痛苦就會結束吧。」

我合上這個紅色的筆記本，這段話也成為這位作家最後的遺言。

防禦機制與健康心理

合理化是一種典型的防禦機制，在生活中，我們經常會使用防禦機制來掩飾我們內心的不安。防禦機制是自我面對有可能的威脅和傷害時的一系列反應機制，當自我受到外界的威脅而引起強烈的焦慮的時候，這種焦慮就會無意識地啟動一系列防禦機制，以某種歪曲現實的方式來保護自我，緩和或者消除不安和痛苦。

　　自我的概念是精神分析理論創造的，簡單來說就是可以滿足內心的欲望，但是又不至於違反現實規則，是立足於現實的，也就是自我所遵循的現實原則。比如你現在正在上課，你感覺餓了，很想吃東西，可是現實告訴你，你現在在上課，不能吃東西，但你又很想吃，所以你就悄悄地背著老師吃了一塊巧克力，這樣既滿足了吃東西的願望，又不會被老師發現。這是關於自我的最便於理解的一個例子。而防禦機制主要包括否認、壓抑、合理化、轉移、投射、反向形成、過度補償、昇華、幽默、認同等。這裡向大家簡單介紹幾種防禦機制，讓大家對防禦機制有所了解。

◆ **昇華**

　　指的是我們將本能的衝動轉移到社會所能接受的對象上。比如當我們受到挫折之後，可以換一種方式來緩解焦慮。藝術家一般會在遭受挫折之後寫出更加優秀的作品，而不是攻擊別人，做出反社會的行為。同樣我們也可以在遇到挫折的時候，幫助那些同樣遭受挫折的人，這也是一種昇華。

◆ **幽默**

　　對於困境，以幽默的方式來處理，可以緩解我們的緊張心理。現在十分流行「自黑」這個詞，大多數喜劇演員都非常幽默，也十分擅長自黑。同樣的事件，當我們投入不一

樣的情感，採用打趣的方式，可以轉移我們的注意力，擺脫困境。

◆ 轉移

轉移是指將注意力從一個地方轉移到另一個地方。比如當我們和家人、戀人分開的時候，很多人會讓自己忙起來，以至於不那麼想念自己的家人或者是戀人。轉移注意力是一種比較簡單的防禦方式。

◆ 退化

從字面含義上可以理解，退化指的是退回到一種不成熟、原始、本能的狀態，但是這樣的防禦並不常見。舉個簡單的例子來說，一個已經三十多歲的成年人，已經具備處理挫折的能力，能夠以一種成年人的方式來面對挫折，但是他卻採用了一種小孩子才會採取的方式，躲在媽媽懷裡面大哭大鬧，這就是一種退化。偶爾的退化可以讓我們獲得一些安慰和力量。

◆ 否認

不承認現實，比如我們聽到親人去世的消息時，一些人的第一反應是不相信這是真的，這就是一種逃避和否認。

◆ 壓抑

是將我們所能意識到的痛苦，壓抑到潛意識中去。我們都知道潛意識的內容是無法被人意識到的，所以那些痛苦因

為被壓抑在潛意識中，就會表現為被遺忘了，很多人在遭受
創傷之後會失憶，也是因為創傷被壓抑在了潛意識中。但是
這樣的遺忘只是暫時的，而這樣的暫時性遺忘可以讓我們緩
解痛苦。

◆ 投射

指的是個體將自己的需求和情緒體驗轉移到別人身上，
認為別人也是如此。有性別歧視的人，總是認為別人和他一
樣，也是存在性別歧視的人，這就是一種投射。投射的應用
十分廣泛，我們在沙盤遊戲中可以看到很多投射的現象，沙
盤就是運用投射的原理，將個體的心理狀態投射在沙盤上。
沙盤上呈現的內容代表著特定的含義，可以透過這樣的方式
解釋一些我們無法意識到的潛意識層面的東西。

怎樣消除不健康

合理使用防禦機制。這個性侵的例子是一個反面例子，
將自己被性侵的事實合理化是不正確的，傷害不會得到消
除，反而會被壓抑在受害者的潛意識裡面。在將來的某一
天，受害者想起自己曾經被這樣侵害過，那些痛苦就會加
倍，讓受害者喘不過氣來。可能在某一天受害者看到某個同
樣的事件，那就成了壓垮受害者的最後一根稻草。

所以，更多了解防禦機制可以使我們更好地理解自己是

如何應對挫折的。心理防禦機制在生活中若能正確地加以利用，能釋放心理壓力，對身心健康有利，可以幫助我們有效面對和處理各種困難。

我們要學會合理地使用防禦機制，但利用心理防禦機制的同時，它也會有相應的弊端，防禦機制的使用的確會對自我和諧產生一定的影響。尤其是採用不成熟的心理防禦機制會對自身產生不利影響。例如某大學生每次在考試失利後都使用心理防禦機制安慰自己，而不從根本上找原因，不付出努力，那麼長此以往，就會形成一種依賴心理，而無法真正解決自身的問題，最終導致學業失敗。

我感受到的是性屈辱

　　一般來說，法院不是討人喜歡的地方，因為裡面充滿了人性的醜陋和骯髒。人類有著利己主義的本質，人們會為了自己的利益，選擇放棄一些最基本的東西。我曾旁聽過的一個關於上司騷擾女實習生的案子，原告是實習生，被告是實習生的上司，實習生由於無法忍受上司的性騷擾，將其告上法庭。

　　但是令人遺憾的是，沒人願意幫助這個實習生，包括公司裡一些曾經被騷擾過的女職員。被告的辯護律師也一直在強調這樣一個觀點，就是這些所謂的騷擾訊息並不是騷擾訊息，只是上級為了調節公司的氣氛，故意開的玩笑而已，他本人並沒有什麼惡意，因為這家公司是廣告公司，與別的公司企業文化不同，所以這並不是騷擾行為。並且由於原告只是一個女實習生，並不是正式員工，所以公司認為實習生吃點苦是應該的，不應該對公司有任何抱怨。

　　因為是上司，所以就可以對下屬進行性騷擾嗎？因為對方是權威，所以被騷擾的那個人只能默默忍受嗎？這樣的性屈辱是無論如何都不能被接受的。什麼叫做「性屈辱」呢？

舉個簡單的例子，假如妳是一個身材比較豐滿的女生，在妳跑步的時候，妳總是會感到有人看妳，有些男生總是議論妳的胸部，這讓妳感覺很不舒服，他們不僅當面議論妳，還和其他男生一起議論妳。妳也很煩惱，不知道如何應對這樣的情況。

於是，妳只能穿十分寬大的衣服，這樣他們或許就不會議論妳了。本來穿衣是個人的一種自由，現在卻要根據別人的眼光來選擇自己要穿什麼衣服。有一個很紅的國外女歌手，叫做怪奇比莉，她的衣服都是十分寬大的，於是就有記者問道：「妳為什麼穿十分寬大的衣服呢？」而她的回答是這樣的：「穿寬大的衣服就不會有很多人議論我的身材了，以前我總是被人議論，所以我選擇這樣的方式來拒絕別人的議論。」

▌你為什麼不說話

我們經常看到這樣的新聞，女生穿得稍微暴露一些，就容易受到不管是網路上還是現實生活中的譴責，會聽到「因為妳們穿得太暴露，所以才會被猥褻」，諸如此類不負責任的話，甚至可能有人會建議女性：「妳們還是要穿得稍微保守一些，注意自己的言行舉止。」但是很多人都不明白，女性之所以喊出「自己想要自由」，表達的是一種需求，也就

是無關穿衣的問題，而是想要自己不再被無緣無故地性騷擾，不再無緣無故地忍受性屈辱的問題。這是很多人曲解她們需求的地方。

不管是在公車上還是捷運上，還是排隊中人擠人的時候，或者是沒人的小巷子裡，許多女性面對這樣的性屈辱選擇的都是默不作聲，而不是揭發罪行。為何我們不能勇敢地說出來呢？這是羞恥感在作怪。近年來，羞恥感成了心理學的研究熱點。羞恥感的定義，簡單來說指的就是感覺自己是可恥的，不管是對於自己而言還是對於別人而言，都是一種負面的評價，伴隨著一種指向自我的痛苦的、難堪的、恥辱的體驗。

有學者認為，恥辱是因為對自己不利的一些事件被公開了，因為他人在場，他人知道了這樣恥辱的一件事，所以產生了恥辱感。這是外部因素，還有一種因素則是指向內部的，也就是說不管有無他人在場，這樣的負性事件所代表的含義就是自己無能或者是自己不道德，其中包含了對自己的否定。

羞恥感對於一個人的心理健康有著十分重要的作用。研究顯示，對於消極的事件，容易產生羞恥感的人傾向於做自我否定的歸因，所以在遇到困難的時候，他們不會採取「勇敢地說出來」這樣的解決方案，更多的是迴避問題、隱藏自

己的感情，採取祈禱和等待的應對方式。但是這樣一種指向內部的歸因方式並不是一種正確的、健康的方式。低羞恥感的人對於負性事件採用的是一種更為開放的應對方式，他們更多地尋找自己的社會支持。

容易產生羞恥感的女生對負性事件更加敏感，這樣的負性事件會導致強烈的負面情緒，負面情緒又會導致她們的注意範圍變得狹小，不去考慮正確的解決方法，而是把自己的思考力都放在自己遭遇這件事的恐懼、後悔之中。她們還會反覆地回想自己經歷過的事情，甚至會出現長期的自責。因為太執著於這樣做，導致她們沒有注意到身邊可以利用的資源。因此，為了減少這種不愉快的感覺，她們往往會選擇不正確的方式，迴避和隱藏自己的感情以減少外部環境給自己的影響，祈禱和等待以降低自己因為羞恥所產生的不良情緒，但這樣的方式在很大程度上都損害著我們的心理健康。

還有一些人選擇接受這樣的事實，認為時間可以沖淡一切，於是就選擇了默不作聲。因為怕揭穿這個人的罪行之後，別人對自己指指點點；但是如果不揭穿，想起別人在自己身上做的事情，又會認為自己是一個無能的人。這同樣是不可取的。

另外一個值得注意的問題是無意識偏見。根據格林沃德（Anthony Greenwald）對於人類社會無意識態度的研究，人

們一般會把白人和好事連繫在一起，而不是把黑人和好事連繫在一起；人們往往會把男性和科學家連繫在一起，而不是把女性和科學家連繫在一起。人們往往會把女性和弱小連繫在一起，而不是把男性和弱小連繫在一起。所以，女性被強姦、女性遭受性屈辱的部分原因，就是因為人們把女性和弱小連繫在一起，這是一種無意識偏見。

如何去打破這樣的循環呢

◆ 第一，要勇敢地站出來，學會保護自己

有些時候，那些猥褻女性的人，或者說侵犯女性的人，正是因為知道女性的羞恥心理，所以才會更加肆無忌憚。女性要勇於揭發這些行為，這在某種意義上不僅幫助了自己，也間接地幫助了別人。

◆ 第二，打破無意識偏見

為什麼一些勇敢的女性，我們會認為她們特立獨行？其實她們不過是做了自己該做的事情而已。因為在大家的印象中，大多數女性都是弱小的，沒辦法和男性對抗，甚至也沒辦法超越男性，這是社會普遍存在的一種偏見。所以我們要打破這樣的偏見，類似的偏見不僅是在性別上存在，在很多其他方面也是存在的。

◆第三，逃避永遠都解決不了問題，時間不一定可以沖淡一切

　　每一個被性騷擾或者是受到屈辱的女性都不要害怕，要學會使用正確的方式保護自己，採取正確的歸因方式。要明白恐懼和無助是因為自己的羞恥感在作怪，要對羞恥感形成一種科學的認識。不要害怕，積極尋找自己的社會支持，善於利用身邊的資源，相信這個世界上還是會有正義存在的，不是所有的人都會袖手旁觀。

面對社會的不公

　　今天聊一些比較大範圍的東西，人類社會總是複雜的，它不像動物社會。「物競天擇，適者生存」是只適合動物的法則。人類社會的不公總是存在的，這點不可否認。記得我大學畢業，剛開始找工作的時候，就業競爭也比較激烈，我經過初試、複試，最後進入面試的環節，雖然很緊張，但我還是在很認真地表現。和我一起進入面試的三個人，有一個表現得很好，從容不迫，也能夠回答出很多專業的問題，我覺得最後被錄取的應該是他；另外一個人的表現就沒這麼好了，他表現得十分隨意，有一些問題他說「回答不了」，便直接選擇跳過了。我當時認為他一定會被淘汰。但實際結果完全出乎我的意料，最後被錄取的不是那個十分優秀的小哥，而恰好是那個我認為一定會被淘汰的人。

　　但是，最讓我覺得不公的，是我知道了他被錄取的原因。也許是他看到我一臉不敢相信的樣子，便索性告訴我：「其實我初試、複試交的都是白卷，因為我爸是這家公司的股東。你們所謂的面試只是一個形式而已，別太驚訝，這個社會的規則就是這樣的。」在那個時候，我終於直觀地感受

到所謂的「關係戶」，終於知道有些時候不管你怎樣努力都是沒有用的。沒有關係，沒有人幫你引薦，你是很難爬到想要的位置的。這也許就是為什麼現在很多 20 歲左右的年輕人，覺得拉關係比自己埋頭苦幹更重要的原因。

我們總是討厭不公平

不公平會導致很多問題，作為一個社會人士，不公平讓你工作更加懈怠。你明明比他更加優秀，但是他的薪資就是比你高。我們會因為不公平而痛苦，因為我們十分在乎結果，所以我們對不公總是排斥。不公平也是兩極分化的重要原因，職場上有不公平，教育上有不公平……哪裡都有不公平，世界上本就沒有絕對的公平可言，這是客觀規律，是我們要接受的。如果我們和一個天生就有殘疾的人抱怨不公平，他會告訴你：「你看看我這樣，我不也好好活下來了嗎？而且我活得不比你們正常人差，但我從來沒有抱怨過不公平。」很多人在身心障礙者身上只是獲得了一種心理安慰，而沒有學到他們面對命運不公的時候積極的態度以及樂觀的心境。

我們該怎麼辦

我們人類有與生俱來的公平感。不公平會產生一種威脅，會激發我們原始的因為痛苦攻擊別人的本能。那我們應該怎樣面對這種無法改變的現實呢？

◆ 注意生活中的小事，體驗小確幸

我們身邊總有驚喜發生，也許是你下班之後第一個碰到的綠燈，也許是下班路上遇到自己喜歡的麵包店在舉辦活動，你可以買到自己想吃的甜食。有很多事情都是充滿快樂和幸福的，只是我們沒有注意到而已。人生短暫，但人生美妙的時刻會有很多，所以保持一個好心境，我們就能坦然面對不公了。

◆ 學會順其自然

想一想前面舉的例子，因為敘事者太在意結果，所以會覺得不公。但是反過來想，這樣又有什麼呢？這就說明自己不是因為能力不夠才被刷下來，而是因為他是「關係戶」。而且我們還可以改變自己對這件事的看法：這家公司如果用這樣的方式來選擇人才，說明前景也不會太好，還不如不被錄取呢！選擇一家好的公司，努力工作，才是更重要的。

◆ 態度很重要

我們每個人都有不順利的時候，這個時候我們有兩個選擇，第一個是，你可以破罐子破摔，自怨自艾，從此一蹶不振；第二個就是，你可以先傷心一下，然後重新振作。所以一個人的人生態度是十分重要的，保持一種積極的態度，可以使我們更從容地面對社會的不公。

第六章

個性的重建

快樂是 快樂的方式不止一種

最榮幸是 誰都是造物者的光榮

不用閃躲 為我喜歡的生活而活

不用粉墨 就站在光明的角落

我就是我 是顏色不一樣的煙火

天空海闊 要做最堅強的泡沫

我喜歡我 讓薔薇開出一種結果

孤獨的沙漠裡 一樣盛放得赤裸裸

這是張國榮的〈我〉。在所有的翻唱中，我還是最喜歡聽華晨宇的翻唱，因為我總是能從他的歌聲中，獲得一些力量。

我就是我，不一樣的煙火

「我不是一個性格很好的孩子，至少大家都這麼說。本來我是有媽媽的，但是後來我媽和我爸離婚了。我爸每天都要喝酒應酬生意，我媽經常因為我爸喝酒就跟他吵架，於是他們就離婚了。

我是爺爺一手帶大的。我從小就很調皮，還特別自私。所謂的集體主義，對於我而言，根本不需要，我只需要關注我自己的感受就可以了，至於別人的感受，我並不在乎。所以我說了很多傷害別人的話，我從來不叫他爸，我都是直呼他的姓名，我想我應該是一個不孝子吧，但是無所謂，我只需要對我爺爺好就可以了。我沒有朋友，因為大家都很討厭我的性格，也沒有人願意跟我一個小組，儘管我成績優秀；即使是比賽，也沒有人願意為我加油助威，彷彿每個人都認為我是一個自作聰明的人。這樣的評價我從小聽到現在，已經厭煩了，但是沒有人可以改變我的性格，我就是我，我要保持我自己的個性，保持不被部隊的規章制度所同化。」

以上是一個即將入伍的大學畢業生的獨白。

性格可以改變嗎

　　性格，對於每個人來說都不是一個陌生的詞彙，我們很喜歡將人分類，其中一項標準就是一個人的性格好不好。性格和人格有著密切的關係，我們經常使用具有道德評價色彩的語言去評價一個人的性格好不好。一個人有什麼樣的性格，表現在這個人對人和事物的態度上，而態度其實是一種心理傾向，正是因為對人和事物有各式各樣的態度，所以才會有這麼多不同的性格。比如你認為這個人太自私了，不喜歡他，所以你表現出討厭這個人的態度，並做出遠離這個人的行為。

　　一個人的性格同時受很多因素的影響，性格是在後天環境的作用下形成的，所以沒有哪個人是生下來性格就不好。每個嬰兒會有不同程度的差異，比如有些嬰兒很安靜，有些嬰兒喜歡哭鬧，這是因為他們的氣質不同，而不是性格不同。氣質是天生的。這裡大家也不要混淆氣質和性格的概念。所以，影響性格的因素其實有很多種，一個人的性格並不是無法改變的。

　　我相信很多人都聽過這樣一句話——「給我一打健康的嬰兒，我可以把他們塑造成任何我想要讓他成為的樣子。」雖然心理學家華生的說法過於極端，但在某些方面對於理解性格是可塑的有一定的借鑑意義。我們可以思考一下，為什

麼行為不端的青少年去了少管所，可以有很大改變？為什麼
有些人去部隊當了幾年兵，他的性格就發生了變化？這也就
從側面說明了，性格是可以改變的。

成為你想成為的自己

◆ 第一，家庭的因素必不可少

家庭的影響不僅僅表現為遺傳，對於性格的養成也發揮
著重要的作用。有一句話說得好，「有其父必有其子」，一個
人的教養方式可以在自己下一代的性格中得以展現。從我接
觸過的大多數案例來看，就統計學意義而言，認為家庭對自
己影響很大的人占 50% 以上。

中國的湖南衛視有一個很熱門的節目，叫做「變形
計」。這是一個改造所謂的「不良少年」的節目。大家所定
義的不良少年，就是我們所看到的抽菸、喝酒、不愛讀書、
沉迷遊戲、頂撞父母、打架，過著一種奢靡的生活，結交一
些不好的朋友的未成年人。於是以改造這樣的青少年為目
的，就有了這樣一檔節目。

但是，這檔節目引來了很多爭議。且不討論這個節目的
方法是否正確，在這麼短的時間內真的能改變一個人嗎？將
他們送到偏遠落後的鄉村這樣的方法真的能產生作用嗎？這
樣的問題暫且不說。真正影響孩子性格形成的因素是什麼？

這些例子無一例外存在一個共同的影響因素，就是家庭教育：父母忙於工作，不管孩子；父母離異，沒有考慮到孩子的感受。為什麼孩子喜歡用錢去衡量一個人？是他們的父母教給他們的，還是社會教給他們的？

當孩子想要的是父母的陪伴的時候，因為工作緣故，父母總是用錢來安慰他們，久而久之，孩子也學會了用錢來換取快樂，因為他們已經沒有別的途徑可以找到快樂了。並且這個階段是青少年人生觀、價值觀、世界觀形成的重要時期，現在的社會資訊量太大了，因此他們很容易接受錯誤的資訊，而這個時候父母的作用就是幫他們判斷什麼是正確的、什麼是錯誤的，但有的父母往往因為各種原因而在孩子的成長過程中缺席。

參加「變形計」節目的大多數少年，回到自己原本的生活環境之後，依舊和原來一樣，甚至變本加厲。所以，在這短短的十幾天內，「變形計」只能暫時改變一個人的行為，而不能改變他們的性格。這也就是為什麼我們總說「江山易改，本性難移」。性格的改變是需要自己、父母和社會的共同作用來實現的，而很多孩子都是被逼著參加「變形計」的，不是自願的。更為重要的是，父母在現實生活中能不能充分關心孩子的成長，才是決定性的因素。

◆ 第二，早期童年經驗的影響

　　人生早期所發生的事情對一個人性格的形成十分重要。調查研究發現，小時候是否遭受過巨大的創傷，對一個人人格的塑造以及性格的養成有密切關係。童年時期經受過創傷的人，如果創傷沒有得到解決或者是治癒，這些創傷就會成為他們性格的一部分，就像身體裡的一個器官，並在一個人的行為中展現出來。所以性格的確受到童年經驗的影響，幸福的童年有利於兒童發展健康的人格，不幸的童年也會使兒童形成不良的人格。當然，在溺愛中成長和在逆境中磨練的孩子其性格也會發生改變，所以早期經驗並不能發揮決定作用。

◆ 第三，自我調控系統

　　中國有句古話叫做：「吾日三省吾身。」能夠進行自我反思和自我監督的人，更有可能形成健康的人格。人的自我調控系統包括自我認知、自我體驗和自我控制三個部分。

　　1. 自我認知。

　　自我認知是對自己的洞察和理解，包括自我觀察和自我評價。其中，自我觀察是指對自己的感知、思想和意向等方面的覺察。也就是說，一個人能夠覺察自己此時此刻的想法和狀態。自我評價是指對自己的想法、期望、行為及人格特徵的判斷與評估。如果一個人不能夠正確地認識自己，只看

到自己的不足的話，就會產生自卑的情緒、喪失信心；如果一個人過高地評價自己，也會驕傲自大、盲目樂觀。因此，一個人要實事求是地評價自己。有很多人覺得自己自卑，一個重要原因就是認為自己沒有任何優點，自己身上只有缺點。這是因為他們對自己沒有一個正確的評價，從而建立起了消極的自我形象。

客觀分析自己，塑造正確的自我形象，對於建立自信十分重要。自我形象一旦建立，就很難改變。有些人喜歡給自己貼標籤、下定義，其實這樣的方式會削弱改變自己的能力，因為就貼標籤這樣的做法而言，把自己限定在一個標籤裡面，就會忽略自己其他方面的潛力。比如我有一個朋友來找我談心，說他最近很迷茫，不知道自己該幹什麼。於是我就問他，你想要什麼呢？他說不知道。我問他你不想要什麼，他也不知道。我給他的一個建議是，你可以去散散心，他說不知道去哪裡散心，他太迷茫了。不管我問他什麼問題，他都會告訴我，他就是很迷茫。正是因為有了這樣的貼標籤行為，所以他才沒有辦法突破自己。

2. 自我體驗。

自我體驗是伴隨自我認識而產生的內心體驗，是自我意識在情感上的表現。當一個人對自己做積極評價的時候，就會產生自尊感；做消極評價的時候，則會產生自卑感。一個

人在認識到自己不適當的行為後果的時候，就會產生內疚、羞愧的情緒，進而會制止這種行為的再次發生。

3. 自我控制。

自我控制是自我意識在行為上的表現，是實現自我意識調節功能的最後環節。如果一個學生意識到讀書對自己發展的重要意義，會激發其努力讀書的動機，並且在課業上表現出刻苦努力、不怕困難的精神。

具有良好調控系統的人，能夠客觀地分析自己，會有效地利用現有資源，發揮個人長處，努力完善自我。自我調控還有創造的功能，它可以變革自我、塑造自我，將自我價值擴展到社會中去，並在社會上展現自己的價值。

我這低下的自我效能感啊

「我自認為是一個各方面能力都還算 OK 的人，作為一名應屆畢業生，在大學裡，老師很喜歡我，同學們和我關係也很好，和室友的關係也還不錯，不管是課業還是工作上，我都做得還可以，不是太差的那種。要說具體有些什麼東西可以證明，獎學金我拿了，證書我拿了，老師的誇獎也有，這些都讓我產生了極大的自豪感。懷著這樣的心情或者說帶著這份自信，我畢業了，開始找工作，我以為憑藉我的能力，無論如何都一定可以找到一份好的工作，於是就去投遞自己的履歷。

但是現實總是十分的殘酷，你總是會遇到一些不盡如人意的事情，比如你想要的工作不要你，或者說當你覺得你的工作已經做得夠好的時候，卻被主管批評得一無是處。以前那些所有在學校裡面建立的高自我效能感，當進入社會之後，會被擊得粉碎。我偏偏又是一個喜歡自我反思的人，剛開始的時候，我總是從自己身上找問題，一段時間下來，我覺得很累，情緒十分不好，於是我開始否定這份工作，甚至開始否定這個公司、否定整個行業。當我有了這樣的想法的時候，我就知道可怕的事情發生了。」

是什麼導致我如此低下的效能感

我們每個人都會遭受挫折，不管是在課業上還是在工作上，都是如此。但並不是每個人都可以接受這樣的挫折，也不是每個人都會正確認識這樣的挫折對於自己是一種磨練。人們都喜歡為自己的行為找一個原因，這裡就要談到心理學家韋納的歸因理論，他將人們的歸因分為內歸因和外歸因。

內歸因有好處也有壞處，好處就是這樣的人會在每一次的反思中，不斷地修正自己，讓自己變得更加優秀。但是同時研究也顯示，內歸因的人會因為過度自省導致憂鬱，他們會認為一切都是自己的錯，所以相對於外歸因的人來說，他們會更加痛苦。

外歸因也有好處和壞處，好處就是外歸因的人不會像內歸因的人那樣負擔很重，他們不會從自己身上找原因，反倒覺得問題的形成源於別人或環境，所以他們不會自責，同時也不會覺得自己能力有問題。這樣的人往往會更樂觀一些，但是不好的一點就是別人會認為這樣的人十分自大，並且發生任何事情只知道找藉口，推卸責任。

在這個內外歸因的維度上，如果將成功歸因為內部因素，人們就會體驗到自豪感，從而進一步增強動機；如果歸因於外部的話，就會產生僥倖心理。與此同時，如果我們將失敗歸因於內部因素，就會產生羞愧的感覺；如果歸因於外

部因素，就會感到很生氣。由此可見，當我們將失敗歸因於自己的時候，就會導致自我效能感的降低。因此，自我效能感的降低與內歸因有很密切的關係。而自我效能感簡單來說，就是一個人確信自己具備進行和完成某項活動的能力。當我們認為自我效能感十分低下的時候，我們就會覺得自己是一個沒有能力的人，同時也失去了做事情的動力，我們可能不想上學、不想上班，甚至可能封閉自己，更為嚴重的話就會導致憂鬱的發生。

怎樣建立高自我效能感

◆ 第一，客觀回顧自己個人成敗的經驗

也就是說，當我們覺得自己此刻處於一種低自我效能感的時候，我們需要回想自己以前做過的事情，有哪些事情是自己覺得成功的，哪些事情是自己覺得失敗的。不過在實施這一步驟的時候最好有另一個人在我們身邊，因為如果是自己獨自回憶，此刻的情緒只會讓我們想起自己失敗的經歷，而忽略很多成功的經歷。這樣就無法做到實事求是，產生的效果就不好了。

◆ 第二，建立期待性經驗

我們將期待分為兩種，第一種是結果期待，第二種是效果期待。結果期待就是說，如果我們上課認真聽講，就可以

取得一個比較好的成績;效果期待就是指對自己是否有能力
完成某項任務的推測。我們可以透過觀察別人完成某件事的
結果來推測,如果這個人和我們有一些共同特點的話,那我
們就會認為自己具有和他一樣的取得成功的可能性。

◆ 第三,說服自己

可以採取言語說服的方法,語言具有強大的魅力,特別
是當我們信任的人告訴我們,你一點都不差,你真的很不
錯,不是你自己能力的問題時,我們就會覺得自己其實也不
差。所以,當我們有了類似的煩惱的時候,要學會說服。

◆ 第四,喚起積極的情緒

情緒喚醒,簡單來說就是我們要有一種積極樂觀的情
緒,這樣不論發生什麼,我們都可以從容地面對。很多時候
我們都會發現自己心情好的時候,能夠想起更多愉快的事情
和經歷,從而使自己的心情更加愉悅。

我不做一個懦夫

　　我偶然路過街的盡頭，有一家老影院，裡面放的都是光碟式的老電影，就是 1980、1990 年代的電影。我便順勢走進了這家影院，影院老闆叫阿哲，雖然他現在已經老了，但還是讓人叫他阿哲，他說這樣會讓自己感覺依然年輕。走進去之後，我發現裡面放著一部電影，是星爺的《功夫》，正好電影放到這樣一個橋段：主人公有一個功夫夢，他希望練成如來神掌，於是他用光了自己所有的零花錢，從一個乞丐那裡買到一本《如來神掌》祕笈，不斷地練習。一天，這個男孩看到一群男生在欺負一個女孩，他想要英雄救美。以為自己已經練成如來神掌的男孩，希望可以用自己練成的絕技打敗這群壞男生，但是事實並不如人所願，男孩失敗了，他沒能成功地英雄救美，反倒被壞男生們嘲笑。電影正好定格在男孩被推倒在草坪上，一群人在他身上撒尿的畫面，字幕上寫著「一個傻子，一個啞巴，滾一邊去吧」。

　　這個故事情節一下就將我帶回到現實中，類似這樣的霸凌事件總是屢屢發生，在我們的生活中十分常見。在班級中，有時會出現一個或者兩個這樣被眾人欺負的孩子，他們內心善

良,有著自己的理想,但是又在這樣的打擊下,一步步地迷失了。我們經常看到這樣的新聞,某某孩子因為校園霸凌被迫自殺。他們的人生本來應該是美好的、充滿希望的,但所有的可能就這樣戛然而止了。他們在此之前也發出過求救信號,「救救我,有誰可以幫幫我」,但是沒有人理會他們。

▌難道我就該被欺負嗎

解釋一下這種比較常見的現象,為什麼有些人總是會成為受害者,有些人則會成為加害者,有些人又會成為旁觀者?現實生活中總是會出現各種暴力現象和行為,先來說一下旁觀者。在社會心理學中有一個著名的理論,叫做「旁觀者效應」。我們總是能看到這樣的情況,比如一個人受到欺負的時候,沒有人會站出來幫助他,背後的心理原因是推卸責任,每個人都認為別人會站出來,所以自己就不會主動出頭,因為每個人都這樣想,所以就不會有人第一個站出來。這種推卸責任的心理就助長了旁觀者效應和暴力行為。

關於加害者,各流派的心理學家對於這種類型的人觀點不一,在強調基因作用的心理學家看來,加害者總有一些明顯的特徵,他們的攻擊性在基因方面就不一樣,所以他們比常人更具有暴力傾向。但這樣的理論並不能解釋為什麼有些我們想都想不到的人居然會犯下罪行,比如遺傳了傑出父母

優秀基因的孩子。另一個學派的心理學家是這樣解釋的，從挫折－攻擊的維度去看待攻擊行為，有些人之所以會成為加害者，是因為他們在日常生活中遭受了太多的挫折，於是他們需要攻擊別人，這樣才能獲得心理平衡，這也就是受害者往往會轉變為加害者的原因。這種類型的人通常遭受了嚴重的心理創傷，才會墮落為加害者，所以每一次加害他人對於他們來說，都是自身創傷的重演。

至於受害者，這樣的人一般是無辜的，看起來並沒有什麼錯，但是每次在遭受攻擊的時候，如果不予以有力的還擊，就會助長攻擊者的氣焰。舉個簡單的例子，現在有一個群體叫做「鍵盤俠」，所謂的鍵盤俠就是一群躲在螢幕背後的加害者，因為別人不知道他們的真實身分，所以他們就隨意發表極端言論攻擊別人，而一些熱點人物就會成為他們攻擊的對象，很多明星對此都深有感受。有些人是默默承受，有些人則是有力還擊，比如金星就是有力還擊的典型，所以那些「酸民」都閉嘴了。因此，面對攻擊，懦弱的表現永遠無法阻止加害者，只會讓他們變本加厲。

如何才能不懦弱

在受到侵犯時要尋求幫助，尋找自己的社會支持系統。如果我們求助了，但是因為旁觀者效應的影響，沒有人伸出

援手，讓我們不知道接下來該怎麼辦的話，那就說明我們求助的方式是不對的。一個著名的心理學實驗是這樣的，這個實驗讓一個女生故意抱著一大堆文件走在路上，然後裝作不小心摔倒，女生需要在路邊撿起這一大堆文件。實驗的結果證明，只要是成群結隊的人路過，沒有一個人會停下來幫助這個女生，他們都是看一眼就走了；如果是單獨走過的路人，幫助女生的機率就比成群結隊的人要高。所以，當我們求助的時候，應該指明某個具體的人，比如「穿黑色衣服的哥哥，可以幫我撿一下嗎？」透過這樣的求助方式，對方就會感到責任是落在他身上的，同時他也會動員和他一起的夥伴來幫助求助的人。後面的實驗證明結果的確如此。所以，以後在尋求幫助的時候，一定要學會如何正確地求助。

我們在生活中，面對加害者，要鼓起反抗的勇氣。比如面對校園霸凌，作為受害者要找到可以支持自己反抗加害者的動力。這種動力可以由小到大，從語言上反抗，慢慢升級到行為的反抗，最後到自己內心真正的無所畏懼，反抗成功。這就是一個賽局的過程，當然這裡的行為反抗，不是要升級為以牙還牙的暴力行為，而是在面對攻擊時，我們不能逆來順受，要勇於保護自己，勇於求助。

怎樣才能建立自信

　　我還記得自己剛進大學的時候，可以說之前沒怎麼見過世面，沒有去過很遠的地方，就是一個在小鎮上長大的孩子，所以我對大學的一切都感到十分新鮮，但同時又很害怕，我覺得別人都很優秀，而我只是一個鄉下來的孩子，跟他們比起來，我是真的很「菜」。

　　我記得剛上大一的時候，我們班每個人都要做自我介紹，我是個連站上講臺都會兩腿發軟、說話結巴的人，因為必須要介紹自己，所以我獨自練習了很久，準備充分了才能夠說清楚。明明對於別人就是十分簡單的事情，我做起來卻很難。因為自卑，因為沒有自信，我也失去了很多可以發言的機會，失去了很多可以站上講臺鍛鍊的機會。我總是認為下面的人會嘲笑我，嘲笑我說話結巴。我也很憧憬自己可以像那些優秀的人一樣，十分流利地發言，遺憾的是，這些想法並沒有付諸行動。直到有一天，自己被逼著站上講臺，出糗之後，大家並沒有像我所想的那樣嘲笑我，從那一刻我就知道，應該做點什麼改變自己了。

　　我們每個人都或多或少地面臨著自卑或者沒有自信的問

題，有很多人明明很有能力，卻沒有收到公司的 offer，而那些看起來平凡卻充滿自信的人就可以收到 offer。這就說明，能力並不是唯一重要的因素。一個人是否自信也很重要。

自信在很大程度上會成就一個人，沒有自信則讓我們成天擔心，覺得自己不會做或者不可能，導致自己止步不前。阿德勒在《自卑與超越》一書中這樣寫道：當面對一個自己無法適當應付的問題的時候，他會表現出拒絕這個問題，這個時候出現的就是自卑情結，也就是說不做任何嘗試就退縮，過分低估了自己的實力。

簡單來講，自卑與我們的情緒體驗相關，是個體由於某種生理或者是心理上的缺陷或者其他原因所產生的對自我認知的態度體驗，這種態度表現為對自己能力或者自己的特質評價過低，從而輕視自己、看不起自己、擔心失去他人尊重的一種心理狀態。人與環境的相互作用是產生自卑的一個十分重要的因素。

自信心的來源

首先是別人對待我們的方式。每一個人都從社會上獲取資訊，我們既是資訊接收者，也是資訊傳遞者。因此，別人對待我們的方式在某種程度上會影響我們解讀資訊的方向。在我讀高中的時候，我們班的英語老師，是我最不喜歡的一

個。不是因為她教得不好，而是每次你有疑問的時候，她都會先做出一副十分嫌棄的樣子，然後再對你說：「這麼簡單的題你都不會，別的人都會，你為什麼這麼笨？」還有更多難聽的話，以至於我很長一段時間都對學英語產生了牴觸情緒，這極大地打擊了我的自信心。本來我認為自己的英語不算差，但就是她的話，讓我學英語的熱情漸漸冷卻了。每個人都是不同的，他人的態度對不同的人會有不同的影響。

其次是自我的控制力。為什麼面對同樣一件事，每個人的反應不同呢？這就是自我的控制力問題。一些抗壓能力比較強的人，這件事也許並不會對他造成任何影響；對於一些比較樂觀的人來說，甚至會覺得這是一件好事。但是還是存在很多心因性自卑的人。與情境性自卑不同，情境性自卑只是在某種特定的場合下覺得自己不行，比如你不是一個十分擅長上臺演講的人，但是你在擅長的領域可以表現得很好，因此對於這種類型的人來說，自卑反而可以使他們更加努力，將其作為一種動力；而心因型的自卑則不同，它是指無論面對什麼，這類人總是懷疑自己、否定自己。其中有很多原因，有一些人的性格就是傾向內省、唯唯諾諾；有一些人是因為給自己設定的目標太高了，對自己要求太嚴格，但是又達不到這個標準。還有一些屬於創傷性的，就是遭受了一個巨大的挫折，從此消極避世、一蹶不振。

怎樣增加自己的自信

◆ 第一，控制自己的想法，進行積極的心理暗示

「擁有成長性思維」的人比「只是表現給別人看」的人
更加自信。也就是在我們完成某項任務的時候，不要以最後
結果的好壞來作為衡量自己是否成功的標準，真正能夠讓我
們獲得自信的是，自己在這項任務中掌握了多少知識，成長
了多少，透過吸取失敗的教訓，下一次我們能否做得更好。

◆ 第二，練習失敗

失敗對於我們來說不一定就是一個負面的東西，遭遇失
敗並不可怕，最重要的是，我們可以從失敗的地方爬起來，
然後繼續前進。

◆ 第三，不要過多地在意別人的評價

嘴巴長在別人的身上，我們管不著，只要自己認為自己
並不差，那些不了解我們的人、那些旁觀的人的意見並不
重要。

◆ 第四，改變對事物的理解，改變自己的看法

為什麼人與人之間總是存在不同的理解，原因是每個人
的基模（schema）原型有所不同，這裡的基模指的是什麼
呢？可以說基模就是一種表徵的方式，也就是說我們是以一
種什麼樣的方式來表達自己的看法或者評價的，通常是積極

的還是消極的。所以一個人怎麼理解資訊，怎麼加工資訊，對於我們的自信心的提高以及自卑感的降低有著很重要的作用。

同樣面對主管的責罵，有些人會認為自己正如上司所說的那樣，真的很差；但是另一些人則不這樣想，他們會把主管的責罵當作一種激勵，「下次我一定不讓他這樣罵我，我要把這件事做到無可挑剔」。於是責罵不僅沒有成為一種傷害，對於他來說反倒是一種動力。保持樂觀總是好的，當我們無法改變外界的時候，就選擇改變自己。甚至只要不是自己的問題，只要自己認為對於這份工作是問心無愧的話，就可以理直氣壯地跟主管說出自己的意見。

◆ 第五，抓住自己的亮點，寫一封自誇信

寫下自己最自信的一面，並且將它保存好，每當自己失去信心的時候，就把它拿出來看一看，明白自己其實並沒有這麼差，曾經的我還是很棒的，以此來激勵自己。我有這樣一個習慣，會把很多以前的讀書筆記收藏著，每當失去學習動力的時候，我都會去看以前自己認真上學時候的筆記，滿滿的幾個本子，都寫滿了。每次看到自己以前雄心壯志的時候，都會感到動力十足，持續很久，我又有了新的學習動力。

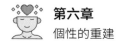
我是個虛偽的人

「我不是一個十分真誠的人，因為我是一個滿嘴謊言的騙子，我總是對我的朋友們撒謊，對我的家人們說謊，就為了維護我那可憐的自尊心。但是謊言是沒有辦法一直延續下去的，謊言最後一定會被拆穿，即使不被拆穿，內心也一定會產生負罪感。我最近很煩惱，也深受折磨，因為沒有辦法再繼續裝下去了，覺得自己很累，每天都在給自己營造一種假像。我其實只是一個小人物而已，但是不想讓我的朋友們覺得我很差勁，不過我知道我實際上是真的很差勁。考研究所的時候，雖然我很努力，但是我連中段大學都沒有上，我很失落，但是我不能告訴他們，因為在他們眼裡我一直成績很好，我不能破壞我在他們心中的形象。我一定要維護好這一形象。

所以我很討厭他們問我成績，因為這就代表著我要違背自己的良心，說出不符合事實的話。我上大學的時候，多益考了三次都沒有達到畢業門檻，但是我一直在欺騙我的朋友、父母，告訴他們我早就過了，他們聽了之後很開心，但是我一點都開心不起來；還有就是電腦乙證，我考了兩次，都沒有過，甚至一次比一次差。有時候我真的不知道究竟是

為什麼，為什麼我已經這麼努力，還是得不到自己想要的結果？我爸媽問起時候，我還是跟往常一樣，跟他們說我考過了，實際上，我根本沒過，我真的很討厭這樣的自己。」

一位網友這樣說。

自尊心很重要

為什麼說自尊很重要？自尊總是和我們的情感連繫在一起，如果一個人的自尊得到滿足，那麼他就會感到十分自信，肯定自己的價值，從而可以產生積極的自我評價。我們都是從嬰兒期逐漸長大的，我們在 3 歲的時候，自尊就已經萌芽了，比如我們小時候犯了錯，我們會感到羞愧，即使是童年，我們也怕被別人譏笑，媽媽在公眾場合罵我們，我們總是覺得很丟臉。隨著我們慢慢長大，自尊心越來越重要。

從社會的角度來看，愛面子是很多人一個十分重要的特徵，和外國人不同，他們更加注重自我，而我們更加看重怎樣才能獲得別人的稱讚，怎樣才能使周圍的人對自己有一個好的印象，怎樣維護自己的面子，怎樣避免別人的嘲笑，怎樣避免陷入尷尬和困境。

我們應該怎麼做才好

學會接納自己的不完美。我們之所以自尊心受挫，是因為我們把自己想得太完美了，但沒有人是絕對完美的，只能

說他相較於其他人來說比較完美而已。當我們心中的理想自我和現實自我有了差距，就很傷害自己的自尊心，自尊心太強了反而不好，自己會活得很累，有損心理健康。其實承認自己不行並沒有那麼難，只需要說出實情就好了，我們應當實事求是，勇敢地面對真實的自己。如果某些人嘲笑你，那就說明，他們並不是真正的朋友，這樣的人也沒必要去深交。接納自己，才能夠成為想成為的自己。

自尊與兒童的能力和對自己能力的認知有著十分密切的關係，同時也受到父母育兒風格以及對於兒童來說的重要他人評價的影響。相比於一個我們不認識的人說「你不行」，一個我們十分在意的人說「你不行」，這個重要他人所帶給我們的傷害是無比巨大的。想想我們的父母告訴我們「你不行」的時候，我們是不是覺得很委屈，又很生氣，因為連自己的父母都這樣說，自尊心就會很受挫。

研究顯示，高自尊的孩子，他的父母一般會更加關心和支持他，在日常生活中為孩子樹立了生活的典範，在有關孩子的決定中十分民主地聽取他們的意見，給他們選擇的權利。相反，越是溺愛兒童的父母，教育方式越不一致，就很容易造成孩子的低自尊。所以，良好自尊心的培養，還是要從小抓起，當父母都是不易的，尤其是當好父母，就更加不容易了。

　　放下自己所在乎的，活化自己的立場，方能獲得真正的自由。因此要真正獲得面子，就應該放下自己所在意的面子。為什麼謙虛的人反倒更容易得到別人的尊重？是因為他們大方承認自己不懂的地方，而不是打腫臉充胖子。大大方方地承認自己不行、自己不懂，雖然需要巨大的勇氣，但是能夠坦然面對自己不足的地方，反倒令人心生敬佩，所以承認自己的不足，不代表沒有面子。培養一種真誠的品格，對於我們的心理健康十分重要。

學會順其自然地生活

我的父親年輕的時候是一個典型的工作狂,他去過很多國家、地方出差……但是他打拚夠了,想成家了,就回來跟我媽結了婚。爸爸總感嘆的一句話就是,「還是在家好,外面不如家好」。

當我大學畢業的時候,爸爸就希望我可以回到老家工作,我想大多數家長都是如此,希望子女陪在自己身邊,但是很多子女並不這樣想。我有一個朋友,她就是大學畢業後按照父母的意願,回到了老家當老師,但是她過得並不開心,她覺得這不是她想要的。於是她選擇一邊工作一邊考研究所,決心改變命運,她終於如願以償,得到了自己想要的。

但是同樣也存在著這樣一群人。他們每天都活得很樂觀,從來不會為了未來的事情而煩惱,不去煩惱自己以後要成為什麼樣的人。也許你認為他們是安於現狀,但是他們只是苦中作樂而已;也許你認為他們就應該在年輕的時候好好努力,但是他們想要的僅僅是自由和快樂,是否有成就感對於他們而言,並不十分重要。

那些成功的勵志學教會了我們什麼

我們的求學生涯大致是這樣的，升上高中之後，這三年的學習將影響我們未來人生的重大走向。因為我們的老師總是告訴我們一定要考上一所好大學，要拚了命地學。三年認真讀書之後，考上了好大學，身體也垮了，心理也垮了。那些你拚了命想要考上的大學，對於別人來說也許並不難，等到你和他們一起之後，就會發現你們之間存在很大的差異，這時候產生自卑是難免的。

其實很多事不是我們想怎麼樣就怎麼樣的，覺得只要自己想要就可以實現，這實際上是一種唯心主義的觀點，雖然意志在某種程度上可以成就一個人，但這不是唯一的條件，成功是需要很多因素共同作用的。所以，成功和開心，你會選擇哪一個？

其實這兩者可以兼得

目標太高，那就設定一個合理的目標就好，偶爾降低自己的標準，其實並不會影響什麼。對自己的能力理解得不夠清晰，設定過高的目標，會因為達不到而焦慮。也許你認為這樣一個高目標可以激勵自己，但實際上，很多時候並不是這樣，因為目標過高而達不到，最後受挫折的人並不在少數。因此，我們應當設定一個合理的目標，然後去完成它，

不僅有助於我們獲得成功，同時也不用背負這麼大的壓力，何樂而不為呢？以前，我總是太想要成功，抓緊一切時間學習，幾乎是擠著時間學習，一點娛樂的時間都沒有，所以經常會頭痛、失眠、身體免疫力下降，但是最後還是沒有達到自己理想的目標。所以，我們一定要適當休息。

偶爾過一下「老年」生活，其實也是很不錯的，只要怡然自樂就好。我們不可能每天都像機器人一樣度過，偶爾回歸自然、閒適，兩者相互交替也不錯。誰說年輕人就要北上闖一闖，就不能留在生活節奏比較慢的南部？每個人的選擇都不一樣，順從自己的內心就好，為什麼一定要按照成功學所教的那樣來呢？人生的路終究還是自己去抉擇。

走出自己的舒適圈

一個來訪者講述：

「我想公務員這份工作是每個人都想要的，每個月都有穩定的薪水，固定調薪，不需要加班，不用擔心被炒魷魚，國家配置各式各樣的福利，不需要像業務一樣，努力去說服別人買自己的產品，不需要因為達不成目標就被主管罵，不需要接受太多的負面情緒。公務員待遇好，圈子也很簡單，簡直就像養老。每年都有這麼多想進來的人，但是錄取的人數卻不多，我能進來真的是太好了！

我在這個舒適圈裡面簡單地生活著，一切都很舒適，漸漸地我開始不喜歡看書了，我也不太喜歡去培養自己的個人技能了，每天我回到家都不知道要幹嘛，因為沒有什麼事情可做，不像我準備考試的時候，每天都會看書學習……但是在未來的某一天，你會因為你的圈子過於舒適而忘記該如何應對危機，以至於一旦遇到危機就會倍感挫敗。」

走不出舒適圈啊

曾經有很多年輕教師都來向我諮商他們的問題，他們總是對自己的現狀抱怨，抱怨他們的學校、抱怨他們的學生、

抱怨他們的社交面不廣等。但是每當我問他們這樣的問題的時候──「既然這麼不舒服，為什麼不選擇離開這個地方呢？」他們都充滿猶豫地告訴我，「呃……這個啊，我覺得也還是不錯的，福利制度也還行、競爭也沒多大，其實學生還是很乖的，還可以勉強待」。大多數人總是說著自己的不滿，但是從來沒有想過要離開自己的舒適圈。究竟為什麼我們總是走不出自己的舒適圈呢？答案其實很簡單。

當別人問你，你最近怎樣時，你總是告訴別人：「我很好」、「還可以」、「都 OK」。這個回答從另一方面來說也意味著不會去改變。它是一種信號，所以當它出現的時候我們就要注意了。沒有改變的需要，就不會做出改變的行為。

我們每天有很多可以使自己發生變化的想法，「我想要去健身」、「我想要減肥」、「我明天要早起看書」，到了第二天早上，你設定好的鬧鐘響了，提醒著你應該起床了，你關掉自己的鬧鐘，你的床是如此的舒服，你一點都不想要離開這溫暖的床，這是你的舒適區。當離不開舒適圈的時候，我們的大腦是如何運行的呢？我們的大腦有著自己獨特的運行機制，它十分喜歡自動化加工，也就是說當待在這個舒適圈變成你的習慣的時候，你的大腦也不允許你改變，你知道偷懶，我們的大腦也知道怎樣偷懶。所以這也就是偷懶其實是一件很快樂的事情的原因。

　　我們的大腦中還存在一個緊急煞車裝置，這個煞車會讓我們每次想要做出一個改變的時候停止改變。在一個聚會上，主持人讓大家都起來跳舞，也許你曾經有過站起來的衝動，但是還沒等邁出那一步，你就選擇了坐下，為了使自己舒服一點，你告訴自己：「坐在這裡看著他們跳也不賴，沒關係，我還是不要去跳舞了，坐著挺好的。」然後你眼睜睜地看著自己心儀的女孩或者男孩接受別人的邀請，和別人一起去跳舞了，你就只能一個人坐在沙發上後悔。把屁股從沙發上挪開真的是一件很難的事情嗎？其實並不難，沙發也算不上多舒服，你需要做的就是邁開自己的腿，走出去，僅僅是 5 秒鐘的事情。也許你會覺得這對於你來說不太舒服，也許你覺得站在舞臺中央跳舞讓自己覺得彆扭，但是正是因為不舒服，你才會有改變的動力，你才會有新的變化和成長。

　　我的一個朋友，有著一份十分安定的工作，他完全可以靠這份工作養活他的家庭，看起來他一切都有了。直到有一天因為公司策略調整，需要裁掉一些老員工，於是他就被炒了。我的這位朋友就這樣失業了，蜷縮在自己的床上，看起來十分消沉。好在他也是學心理學的，不久之後他就開始了新的生活。很明顯，舒服的狀態和不舒服的狀態相比，不舒服的狀態更能夠激勵我們，當我們失去一些東西的時候，也獲得了新的機會。就像我朋友，如果不是離開了自己的舒適

圈，也許他一輩子就這樣了，也不會有他的下一份工作，而且這份工作給了他極大的成就感，他現在不僅可以養活他的家庭，還可以幫助更多走不出舒適圈的人走出去。

　　舒適圈代表著阻礙成長的生活環境。比如金魚可以生活在安逸的魚缸裡面，也可以生活在池塘裡面，在魚缸裡面是舒適的，但是牠到死都無法看到外面的精采世界；在池塘裡面也許是不舒服的，甚至還可能會被天敵吃掉，但是卻能夠活得自由以及獲得生存的技能。實際上魚缸裡面的金魚就是我們。成長只有在自己不舒服的狀態下才可能發生。因此，引發不舒服的感覺是走出舒適圈的一個重要因素，當然這僅僅是對那些想走出舒適圈而沒有動力的人說的。如果你覺得你現在很好，我覺得這樣也是可以的，每個人都有自己的選擇，我們每個人都得為自己的選擇負責。

怎樣引發不舒服

- 第一，找到可以觸發複雜性的人。當自己一個人的時候，生活十分規律，不太容易做出改變，特別是對於自律的人來說，尤其如此。因此，我們需要走出去，和比自己優秀的人待在一起，但你和他的差距最好不要太大。

- 第二，自己觸發複雜性。如果我們在複雜的環境中停滯不前呢？這也是一個問題。所以，我們需要為自己找到動力，明確自己想要什麼，然後找到現在的你和它的差距，努力去消除這個差距。

- 第三，只要做就行了。每天早上起床都是很困難的，但是一旦你起來了，就會感覺很棒，每天的改變從起床開始。移動你的腳步，哪怕是一步，改變就發生了。

- 第四，使用 5 秒鐘規則。在 5 秒內做出決策，就在這 5 秒鐘決定你是否要站起來，或者走出去。如果你不在 5 秒內決定，你的緊急煞車就會拉起來，最後你還是會待在自己的舒適圈裡面。

我也想要被人理解

一個網友說：

「都市的生活不適合我，我一邊這樣想，一邊踏上了回家的路，雖然我知道辭掉工作回家是一件很丟臉的事情，但我還是回去了，因為我已經沒有別的地方可以去了，所以我只能回家找媽媽。我們公司只會壓榨員工，每天讓我們加班、改圖，還不加薪水，在這樣的壓力下我辭職了，我甚至決定不要做這一行了，我以後再也不做設計了。人一旦有了衝動的念頭之後就會很傾向地去實現它，所以我回到老家，每天過著消極避世的生活，本來以為回到家裡面至少還能有一個人關心我，但是直到回來之後才發現，沒有人理解我，回來也沒有朋友。

當我打算跟我媽談談的時候，我媽總說『隨便你』，我說又想回去做設計的時候，我媽就說我無理取鬧，讓我把心定下來。就這樣我又十分消極地過了幾天，我總是時不時地拿出自己設計的作品來看，每次設計好一個作品我都很開心，每次看的時候甚至認為自己可以做得更好。這些天我還很認真地上網找設計作品的兼職，但是並沒有人回覆（我

也知道不會有人回我的，沒有人願意找一個不起眼的平面設計生）。直到我媽有一天跟我說，讓我去賣電器，至少可以賺點錢，而不是閒在家。聽到從我媽嘴裡說出這種話的時候，我很不爭氣地哭了，不知道是為自己不爭氣而哭，還是為了自己被最親的人認為沒能力而哭，總之那天我哭得很傷心。」

當你不被人理解的時候

我們要明白一件事，很多時候人與人之間都是無法相互理解的，即使是最親的人也是如此。因為每個人看待事物的角度都不一樣，不然為何說一千個人眼裡有一千個哈姆雷特，所以不要去奢求跟自己最親的人傾訴，你就一定可以得到自己想要的答案，否則就不會有這麼多問題存在了。

我們要做的事情就是講給能夠理解自己的人聽，只有講給理解你的人，你的傾訴才會有效。大家不願向朋友傾訴的很大一部分原因也是，都市的生活節奏很快，每個人因為工作忙碌聯絡就少了，所以人與人之間的交流越來越少。我們也可以講給自己聽，因為自己就是最能夠理解自己的人，錄一段音訊或者是影片給自己，說出你想對自己說的話，或者把自己當作協力廠商，聽（看）自己的這一段音訊或者是影片，與自己進行對話，這並不是很奇怪的事情。

▌ 不被理解怎麼辦

◆ 第一，我們需要認識一些有信念的人

因為當我們遇到有信念的人的時候，我們的那些想法才會真正落實到行動上，才會對自己負起責來。有信念的朋友通常是這樣的，你告訴他：「嘿，我跟你說，我想辭職了，我想要去做一些有意義的事情，不是在公司當一個小職員，我想要成為一個記者，去採訪很多有趣的事件，你覺得怎麼樣？」「很好啊，這個想法是認真的嗎？如果是，那就去做！」此後的很多天，你都會接到這個朋友的電話，「你辭職了嗎？沒有的話，我明天再來問一遍」；第二天，「打算什麼時候辭職啊」；第三天，「你辭職了嗎……」他們會真正推動你做出改變，而不是聽了你的想法之後，就沒有下文了。

◆ 第二，找到一份有意義的工作

這份工作不是因為你需要去做而做，而是因為你熱愛才去做。或許你會認為我是一個理想主義者，但是正因如此，我們才不會有虛度光陰的悔恨。

◆ 第三，停止拿自己和別人比

我們的身邊總是會有很多優秀的人，當你看到他們十分有成就的時候，你就會有這樣的想法，「他有一份穩定的工作，有一個漂亮的女友，還打算結婚了，好羨慕他們啊！而

我呢，我只不過是一個沒有女朋友的、拿著並不高的薪資的小職員，跟他相比我實在是太差了」。但是你並不知道他們也有他們的煩惱，也許你所羨慕的就是他們所煩惱的。千方百計地和別人比較，將自己置於一個絕望的境地，這樣的比較沒有任何意義。難道你以後要告訴自己的孩子：「你看，別人家的小孩多聰明，你看看你？」所以，不要和他人比較，因為我們最大的敵人是自己，不是別人。當然，偶爾競爭還是可以的，這可以使我們更加努力。

◆ 第四，行動起來

　　我們的人生並不是沒有意義的，有時候面對我們想要的，我們只需要堅持下去，或許在某一天，願望就會實現。就像我的一個朋友，他在一座陌生的城市找工作，但是面試了很多家公司都沒有結果，也許是走投無路了，他遇上了一個陌生人，問那個陌生人是否有合適的工作，他說他很想在這座城市生活下來，找到一份工作，不然就只能回老家了……而那個陌生人剛好是一家公司的人力主管（HR），他們分開之前，人力主管（HR）給了他一張名片，讓我的朋友去面試，到現在他已經成功地在那家公司坐上了主管的位置。他十分感謝那個人力主管（HR），打算請她吃頓飯，但是那位人力主管（HR）告訴他，「這是你自己問的啊，是你主動問出來的，我只是給了你名片而已，所以，這是你自

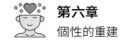
己應該得到的」。說出自己的需求，並不是一件很羞恥的事
情，也許你說出來就能得到你想要的，但是最重要的是你得
先開口才行。

為什麼我總是猶猶豫豫

你是否總是在做決策的時候猶豫不決？比如買兩件差不多的衣服的時候要反覆比較，到底買哪一件，要不然就是兩個都想要，可是又覺得沒有必要。我們把這樣的現象叫做「選擇困難」。

猶豫的背後

在我們做決策的時候會出現以下幾種情況：

- 雙趨衝突。有兩個或者兩個以上具有吸引力的目標呈現的時候，我們只能選擇其中一種，就像我們經常說的「魚與熊掌不可兼得」。

- 雙避衝突。兩個或者兩個以上的目標都是人們力求迴避的，但是我們又只能迴避一個。比如我們感冒的時候明明很難受，但又不想去醫院。

- 趨避衝突。指的是同一目標對人們既有吸引力，又有排斥力。比如想吃美食，又怕變胖。

◆ 多重趨避衝突。指的是面對多個目標，每一個目標都具有吸引和排斥兩方面的力量，這不是單純選擇一個目標就可以解決的問題，而是要進行多重的選擇。比如：你想要換一份工作，新的工作薪水雖然不高，但是離家近；原來的工作薪水高，但是壓力大。這時候就要進行多重選擇，分析清楚利弊。

意志是一種很神奇的東西，意志對於一個人來說非常重要。我們總說，一些人的意志力很強，一些人的意志力比較弱。在心理學上，意志是這樣定義的：是有意識地支配、調節行為，透過克服困難、以實現預定目標的心理過程。果斷性就是意志的特質之一，這裡的果斷不是草率的意思。果斷性指的是一個人在深思熟慮之後具備決策的能力，有充分的依據之後，適時做出決定。也就是說，如果我們去問一個具有果斷性特質的人，他會有根有據地告訴我們，他做這個決定的理由是什麼。與果斷性相反的特質是草率和猶豫，所以猶豫的人很多時候就會比較羨慕那種十分果斷的人，羨慕他們有這樣的能力，自己卻沒有。但是實際上，要成為一個果斷的人並不難。

做事情總是猶豫該怎麼辦

◆第一，轉換思維

試想一下，為什麼你難以做出選擇，一定是因為這兩個選項差不多，所以你很難做出取捨。那麼為何不轉變一下自己的思維，既然兩個選項都差不多，那麼我們憑直覺選一個就好了。在選擇的時候，如果你想讓上天來幫你做決定，但是拋硬幣的結果不是你想要的，那你就選擇另外一個，相信自己的直覺也不失為一件好事。

◆第二，問問自己究竟想要什麼

如果你告訴我你不知道自己想要什麼，那就換一種思維，你最不能失去什麼，什麼東西你失去了，就會覺得很可惜、很難過，那你就知道自己想要什麼了。

◆第三，做出最佳決策

進行多重選擇的時候，如果我們想要做出最佳選擇，不如採用一下電腦認知學家的建議 —— 做到37%，比如我們想要買一間房子，那我們就需要考察所在區域37%的房子。科學家們得出結論，37%既不會讓我們感覺疲勞，也不會讓我們覺得過於草率就買房，而且我們又有37%的機率買到自己心儀的房子。

同時，探索對於做決策也是十分重要的。探索就是搜集資訊的過程，比如我們想要創業的話，說幹就幹、不做市場

調查的人，失敗的機率更大。所以探索的過程十分重要，因為在這個過程中，獲得的很多資訊都是我們未來可能會需要的資訊。不過探索也要根據時間而定，比如我們去一個陌生的地方出差，想要喝杯咖啡，如果時間緊急，那就不用去探索了，直接去樓下的星巴克往往是最好的選擇。這就是最佳選擇的問題。

◆ 第四，學會矛盾分析，在眾多矛盾中抓主要矛盾

任何事物都有矛盾，矛盾無處不在，矛盾同時也推動著事物的發展。試想一下，沒有自己的猶豫，我們就不會想要自己變得果斷一些，這樣矛盾就成為我們改變的動力。而要成為果斷的人，很重要的一點就是學會抓主要矛盾。

後記

　　我是一個十分平凡的人，但也是一個熱愛心理學的人。我有一個不算太大，也不算太小的夢想，就是希望對心理學有誤解的人們可以正確地認識心理學，不知道心理學神奇之處的人們，可以了解心理學。哪怕僅僅是盡我的微薄之力，哪怕是只有一個人改變就好，那我也很開心了。

　　當前，其實還有很多人對心理學存在十分嚴重的誤解。因為我接觸過這些人，所以我知道這不僅僅是誤解，可能你認為有誤解很正常，但是如果因為誤解，然後被人誤導、利用了呢？這樣的話不僅對於這些人是一種傷害，還可能他們以後再也不會相信心理學了。而且非常多的人就喜歡拿心理學很玄的一面來大做文章，影響社會的風氣，看了一些關於心理學的書籍就認為自己參透了真諦，然後透過自己影響更多的人，於是被影響的人也開始對心理學產生誤解。

　　所以，寫這本書很大的一部分原因，就是想透過這種方式告訴大家：心理學不是迷信、不是玄學，不是所謂的「你是學心理學的，那你能猜到我現在在想什麼」、「你是學心理

學的，那你能治病嗎？那你是醫生嗎？」這樣的誤解。心理學是一門科學，從馮特 1879 年在萊比錫大學創立第一個實驗室開始，心理學就以一門科學的形式存在了，為什麼大家可以承認物理、數學是科學，就不能承認心理學也是一門科學呢？我希望心理學的處境也可以隨著時代的發展，慢慢好轉起來。這就是我的夢想了，當然我也會為了這個夢想而不懈努力。

電子書購買

爽讀 APP

國家圖書館出版品預行編目資料

重建內心邊界，從「揭開創傷」開始！心理學教你由內而外改變習慣：長子包袱、考前症候群、AQ 不足、中年危機……從幼稚到獨立，一連串讓人抓狂的「無解」難題，其實只要更新思考模式 / 程遠琪 著 . -- 第一版 . -- 臺北市：樂律文化事業有限公司 , 2024.07
面；　公分
POD 版
ISBN 978-626-98810-7-9(平裝)
1.CST: 心理衛生 2.CST: 心理治療
172.9　　113010102

重建內心邊界，從「揭開創傷」開始！心理學教你由內而外改變習慣：長子包袱、考前症候群、AQ 不足、中年危機……從幼稚到獨立，一連串讓人抓狂的「無解」難題，其實只要更新思考模式

臉書

作　　　者：程遠琪
責 任 編 輯：高惠娟
發 行 人：黃振庭
出 版 者：樂律文化事業有限公司
發 行 者：崧博出版事業有限公司
E - m a i l：sonbookservice@gmail.com
粉 絲 頁：https://www.facebook.com/sonbookss/
網　　　址：https://sonbook.net/
地　　　址：台北市中正區重慶南路一段 61 號 8 樓
8F., No.61, Sec. 1, Chongqing S. Rd., Zhongzheng Dist., Taipei City 100, Taiwan
電　　　話：(02) 2370-3310　　傳　　真：(02) 2388-1990
律 師 顧 問：廣華律師事務所 張珮琦律師
定　　　價：375 元
發 行 日 期：2024 年 07 月第一版
◎本書以 POD 印製
Design Assets from Freepik.com